Bienvenue
parmi les humains

Retrouvez-nous sur :
www.editionsdelamartiniere.fr
www.facebook.com/editionsdelamartiniere

ISBN : 978-2-7324-8610-9

Dr SERGE MARQUIS

Bienvenue *parmi les humains*

Petit traité de **bienveillance** envers **soi-même**

Éditions
de La Martinière

Sommaire

À Eugène, ami si cher, parti trop tôt,
pour avoir cru en un étranger.

Avant-propos…

ou psychanalyse d'une tortue

UNE TORTUE ANGOISSÉE se retrouve chez un psychanalyste. Sa peur la plus grande est de ne pas vivre au-delà de cent ans. Elle est allongée sur le dos en train d'exposer son enfance… Elle raconte que sa mère l'a abandonnée sur une plage et l'a même enterrée alors qu'elle n'était pas encore née. Elle est demeurée enfouie dans le sable pendant quatre-vingt-dix jours. Puis, la nuit où elle a enfin pu sortir de son œuf, elle l'a fait par elle-même, seule ! À peine née, elle a couru jusqu'à la mer sans aide. Des mouettes et des pélicans sillonnaient le ciel en attendant le moment propice pour lui foncer dessus et la bouffer. Des crabes aussi, cachés derrière un caillou ou une branche de corail. Parvenue à l'eau, elle n'était pas encore au bout de ses peines. Minuscule, elle a dû nager à toute vitesse pour fuir les prédateurs marins. Les requins surtout… Où étaient son père et sa mère ? Quelque part dans les profondeurs de l'océan à se la couler douce… Ils avaient sans doute oublié depuis longtemps son existence.

Pendant que notre tortue s'apitoie sur son passé – accuse, juge, blâme les parents qu'elle n'a pas connus –, elle étouffe. Son foie et plusieurs autres organes écrasent ses poumons. Elle est tellement absorbée par le mépris qui l'envahit qu'elle n'est plus consciente de la précarité de sa position.

Après quelques minutes, le psychanalyste lui tend un bout de bois et une pierre. La tortue tourne la tête et ne peut cacher son étonnement devant ce geste. Le psychanalyste insiste d'un léger mouvement des coudes ; il présente le bois et la pierre à nouveau. La tortue regarde les objets avec curiosité et un soupçon de colère. Elle interroge le visage du thérapeute et, avec une moue vexée, lui demande s'il se moque d'elle. Il ne répond pas. Des yeux et du front, il lui indique une troisième fois le contenu de ses mains. C'est alors que la tortue découvre qu'elle peut prendre appui sur l'un ou l'autre de ces leviers pour retrouver son autonomie.

*

CLÉ N° 1... AU CAS OÙ VOUS N'AURIEZ PAS COMPRIS

Bon, évidemment, on n'a jamais vu de tortue chez le psychanalyste, vous venez de lire une métaphore ! Peut-être avez-vous un jour pu contempler la célèbre toile du non moins célèbre peintre René Magritte *La Trahison des images*. On y voit le dessin d'une pipe et, en dessous, on peut lire cette phrase : « Ceci n'est pas une pipe. » On aurait pu écrire sous l'histoire de la tortue : « Ceci n'est pas une critique de la psychanalyse. » En effet, je ne connais à peu près rien à la psychanalyse, mais plusieurs personnes m'ont confié qu'elles avaient été grandement aidées par cette forme de thérapie.

Il n'est pas habituel que des clés soient offertes pour entrer dans l'univers des métaphores. Celles-ci livrent habituellement leurs messages par elles-mêmes, et c'est très bien ainsi.

Ce livre souhaite cependant s'adresser autant aux utilisateurs de leur cerveau gauche qu'à ceux de leur cerveau droit. En fait, il souhaite rejoindre les utilisateurs de tous les cerveaux disponibles. C'est pourquoi, après avoir raconté plein d'histoires, nous offrirons un trousseau de clés permettant d'explorer ensemble le fonctionnement de notre esprit et, bien sûr, son dysfonctionnement.

Par exemple : alors que notre tortue fouille dans son inconscient à la recherche des blessures qui y sont refoulées, elle n'est plus du tout consciente de sa situation actuelle. Elle ne réalise même pas que l'air se rend difficilement à ses poumons. Son attention étant happée par des images issues de sa mémoire, elle ne voit pas qu'elle pourrait mettre à profit son intelligence afin de trouver, le plus tôt possible, un moyen de retomber sur ses quatre pattes : priorité prioritaire ! Tant que son attention est mobilisée par son passé, sa créativité n'est plus disponible pour élaborer des solutions au problème qu'elle vient de créer – brillante astuce du thérapeute – en s'étendant sur le dos : son incapacité à ramper, nager ou, tout simplement, se mouvoir. Elle ne songe pas à demander l'aide qui lui permettrait de basculer à nouveau dans la quiétude ou le mouvement, peu importe. La solution à un problème est souvent dans le présent ; c'est ce que vous découvrirez en parcourant les pages qui suivent.

Alors, bonne lecture :

« Il était une fois... »

“La solution à un problème est souvent dans le présent.”

La Ruche

Une journée ordinaire : un lundi, un autre lundi… gris. Voilà pour l'ordinaire !

Plus rien n'est pareil. La nouvelle reine s'est installée au cours des dernières heures. On ne la connaît pas encore, impossible de la connaître : à son arrivée, elle s'est enfermée dans une cellule, s'est faite invisible ; une disparition forte, troublante, du jamais vu ! Elle est pourtant présente, tellement présente, on la sent partout… comme la peur.

Pour la première fois dans l'histoire de la ruche, on accueille une reine venue d'ailleurs. Le conseil l'a invitée en raison de sa réputation, elle sait comment faire.

Depuis son arrivée, des parfums se répandent. Rien d'autre. Pas de message, pas de signe ; seulement des parfums. J'éprouve d'ailleurs une sensation étrange : l'impression que, peu à peu, mes gestes m'échappent. Et mon ventre, le bas de mon ventre, il s'y passe quelque chose : un parfum peut-être…

Nous ne savons rien d'elle. Des rumeurs courent à son sujet. Un bourdonnement permanent qui occupe toutes les ailes. Ici, quand on ne sait pas, on fabrique des vérités : un bruit qui supplante les autres, les efface, se répand de rayon en rayon comme une maladie. Un puissant mouvement né dans l'ignorance. On ne veut plus de questions, on ne veut que des réponses ! Et, pour que celles-ci ne soient jamais remises en cause, il faut que toutes les occupantes de la ruche aient les mêmes ; c'est la loi décrétée par l'angoisse.

Et gronde la rumeur au sujet de la nouvelle souveraine : on la dit belle ou... laide, grande ou... petite, forte ou... fragile ; c'est selon le besoin de chacune – les craintes collectives : qui est-elle ? Que va-t-elle faire ? On ne la voit pas, on ne l'entend pas, on l'invente... en attendant qu'elle se manifeste.

Je n'ai pas attendu. Je voulais savoir. Je connais les passages secrets, les couloirs, les tunnels, je les ai construits – enfin, j'ai humblement contribué à leur construction.

Je me suis approchée à pas de mouche ou d'araignée ; ces pas qui n'ont rien à envier au silence ; ces déplacements qu'on est incapable d'entendre, même de près. On les retrouve aussi chez les papillons.

J'ai fait un trou dans la cire. J'ai eu du mal car les parois sont épaisses, plusieurs couches. Un blindage, une protection renforcée qu'on construit lorsqu'il existe des menaces. Je me suis rappelé ce que disait ma mère, la reine précédente : « Les murs qui s'érigent ou s'élargissent sont une puissante manière, pour le constructeur, de répandre la peur, de l'exposer comme une publicité : un écran géant où rien n'est inscrit mais où se lisent toutes les horreurs perpétrées au nom de la sécurité. » Ma mère ne blindait rien, surtout pas son amour.

Elle vient d'être remplacée. Quatre années à pondre deux mille œufs nuit et jour, de février à septembre ; une œuvre à la fois ordinaire et spectaculaire : mettre au monde chacune d'entre nous ! Après quatre cent mille pontes, plusieurs ouvrières ont cessé de la nourrir ; sa performance diminuait. Elle a compris ! Un matin d'avril, avant que la lumière n'éclaire son envol, elle a quitté notre univers, accompagnée de ses plus fidèles nourrices. « Il faut savoir partir, m'a-t-elle confié, arrive un moment où la fertilité emprunte une voie nouvelle et on doit la suivre. Tout est fertilité, même la mort, mais on l'ignore car nous sommes sous l'emprise d'un curieux phénomène : l'attachement ! Quelque chose en nous ne veut pas disparaître : l'ego ! Il te faudra prendre conscience de ce qu'est l'ego, très chère fille : un amas d'identités accumulées au cours d'une vie. Et on s'accroche à chacune d'elles comme les humains s'accrochent à une bouée en mer ou à un harnais devant une falaise ; on ne les lâche plus par peur de cesser d'exister, de n'être rien ! Le rôle de reine fait partie de ces identités, mais il y en a beaucoup d'autres : notre apparence, nos statuts, nos tâches, le type de miel qu'on fabrique. Je quitte la ruche, chère enfant, nue, libérée du besoin d'être quelqu'un. Je me sens plus que jamais féconde, vibrant de cette fécondité que personne ne peut toucher ou détruire ; cette mystérieuse pulsation qui bat dans chacune de nos fibres. Non pas la pulsation grâce à laquelle j'aurais pu me targuer d'être unique, une très grande pondeuse – peut-être la meilleure de l'histoire –, pour qu'on se souvienne de moi, mais celle dont nous faisons toutes partie, ce flux où la mémoire n'a plus aucune importance. » En elle et à travers elle, la douceur tremblait. Elle a replié ses pattes, penché la tête, s'est inclinée longuement devant le couvain puis a disparu dans l'aube. Quelques heures plus tard, la nouvelle mère arrivait !

En approchant mes antennes de la brèche, je l'ai entendue pour la première fois : des bourdonnements secs, froids, piquants comme des ordres. Et je l'ai vue. Par le petit orifice. Nul besoin d'un grand orifice pour la voir, elle occupe un espace qui offre peu de place aux autres.

J'ai aussi aperçu mes sœurs, mes frères ; spectacle brutal : les têtes s'inclinent, les ailes se replient, les corps s'écrasent, rampent, disparaissent. Un défilé de gestes indécents, ceux de la soumission. On s'exécute car la nouvelle reine a raison, toujours raison, n'admet aucune autre opinion que la sienne. Elle affirme avec une conviction qui incite à se taire. Une fermeté qui vous empoigne et vous jette dans le doute, instantanément ! Son aplomb vous coupe les ailes et vous installe dans le sentiment que la divergence est dangereuse. On acquiesce, on s'efface, on s'évanouit.

Je l'observe, je peux ; nul ne sait que je suis ici. J'ai usé de prudence, n'ai sollicité aucune complicité, n'ai posé aucune question, n'ai fait aucune confidence. Une intuition issue de la peur ambiante : ne compter sur personne !

Elle est longue, gigantesque, avec des yeux comme de grands trous noirs. Des yeux qui semblent aspirer tout ce qui les entoure : l'air surtout et, avec lui, l'existence des autres. Elle en impose... parce qu'elle sait ! La vérité n'appartient qu'à elle. Contrairement aux reines qui l'ont précédée, elle n'hésite pas, semble ignorer ce qu'est le doute.

Au moment où je la regarde, elle s'apprête à défoncer le couvercle de son alvéole avec sa tête placée vers le bas. Je l'observe, médusée, paralysée par ce qu'elle dégage d'orgueil et d'arrogance ; rien ne peut lui résister. S'ensuivent des coups de bélier déchirant la membrane, la cloison éclate sous la violence des chocs. Son assurance est remarquable. Elle laisse derrière elle des parois très lisses qui ont la propriété de réfléchir, comme des miroirs. Elle s'est longuement regardée, c'est sûr. Ses formes demeurent gravées à certains endroits ; une impression d'elle-même creusée dans la cire. On dirait qu'elle a plongé son corps entier dans la matière qui l'entourait, comme si elle avait été attirée par le besoin d'embrasser sa propre image. Peut-être a-t-elle été satisfaite des traces qu'elle a laissées, quoi qu'il en soit, elle a décidé de sortir. Ses pattes sont jaunes, longues. Elle amorce sa promenade sur les rayons. Aucune ouvrière n'a de pattes aussi longues que les siennes, aussi jaunes. On dirait de l'or. Des fibres d'or. Articulées. Qui s'étirent...

Au même instant, d'autres reines brisent leur opercule. Pâles. Hésitantes. Celles que la communauté a nourries avec la gelée royale, lentement fabriquée sur nos têtes – le lait d'abeille auquel nous n'avons ajouté aucun pollen : la manière ancestrale de concevoir nos mères... La nouvelle venue les attaque immédiatement, sournoisement, et les tue. Elle sera la seule. Il n'y en aura pas d'autres. Elle sort indemne de tous les combats. Rien ne semble pouvoir l'atteindre. Les ouvrières ramassent les corps qu'elle laisse derrière elle. Agonisants. De futures reines, aimées, qui sont déjà des cadavres.

Une journée ordinaire, un lundi, gris. Mais plus rien n'est ordinaire. C'est arrivé doucement, *imperceptiblement* – voilà le mot juste. Une nouvelle façon de vivre, de faire les choses. Comme si des ficelles s'étaient mises à diriger nos mouvements.

Nos ailes, nos antennes, nos dards bougent désormais à des rythmes indépendants de nos volontés. Jamais nous n'aurions pu prévoir... La tâche exigeait beaucoup : d'innombrables petits gestes, une attention soutenue. Nous étions là de tout notre être, pour calfeutrer, défendre et réchauffer. Pour effectuer des milliers de visites dans chaque cellule – question de les nettoyer – et des vols à répétition afin de recueillir le nectar, le pollen et la propolis, pour trouver l'eau.

Trois ouvrières s'affairent encore dans un rayon, je les vois. Elles tournent sur elles-mêmes. Elles ne font plus comme avant. Elles ne peuvent pas, plus rien n'est pareil. Le parfum...

Quelque chose s'agite dans mon ventre : une interruption, un mouvement qui s'achève... Je ne souffre pas, je n'ai pas mal, je veux dire... au ventre. Seulement, je sens ce fourmillement, cette chose ; la vie qui refroidit.

Dehors, il fait une chaleur torride. Une vapeur pâteuse alourdit les vols depuis plusieurs semaines. Les plus vieilles, responsables du butinage, reviennent couvertes de plaies. Elles n'ont pas besoin de raconter, nous comprenons tout de suite ; leur mine est un reportage vivant : des têtes sèches comme des grains de sable, sur le point de basculer. « Les légumes se recroquevillent, murmurent-elles, la terre n'a plus rien à leur offrir, elle se fend de partout. Là où nous trouvions des étangs et des lacs, nous survolons de grandes étendues de poussière et de roches. L'eau manque à tout ce qui vit ; on voit des arbres dont l'écorce se fendille et les feuilles se froissent. Des loups et des lièvres halètent, au pied des troncs, en quête d'une ombre qui ne vient pas – le soleil est caché par un voile épais qu'on appelle *smog* chez les humains. Dans les pâturages, vaches et moutons lèchent leur propre pelage ; une tentative de s'abreuver à même leur sueur, sans doute. Aucune pluie n'a touché le sol depuis plusieurs lunes. Nos points de ravitaillement habituels n'existent plus, ne restent que des cratères ridés. Nous perdons nos repères et descendons sur des champs que les hommes aspergent de puissants pesticides. Nous éprouvons des étourdissements qui provoquent des chutes ; nous heurtons des cailloux, des branches et le toit brûlant des maisons. Il n'est pas rare de voir des dizaines de nos semblables empilées dans des gouttières, à bout de force, battant des pattes dans une ultime tentative de retrouver leur légèreté. Les fleurs sont épuisées et ne produisent plus le nectar nécessaire à la fabrication du miel. Leurs tiges s'affaissent et leurs pétales semblent gratter la terre comme à la recherche d'une énergie que les racines ne fournissent plus. La sècheresse pénètre tout, même les cœurs. Il est devenu difficile de se soutenir mutuellement. Des tensions apparaissent. On s'agresse en plein vol, traîtreusement ; nos dards perforant l'abdomen de nos sœurs. On se bat pour ce qu'il reste de pollen même si ce ne sont que des résidus, des miettes. La collaboration s'est transformée en affrontements, et la communauté en champ de bataille. Nous ne pourrons pas survivre en privilégiant cette nouvelle tendance, cette cachette du "chacun pour soi". Aucun miel ne peut être fabriqué dans l'isolement ; nulle butineuse ne peut prétendre y arriver seule, nulle receveuse non plus – les ailes de l'une sont essentielles à la gorge de l'autre et vice versa. Il nous faudra trouver un moyen de revenir à ce que nous sommes vraiment, à ce qui nous relie, à notre essence. La nouvelle reine saura peut-être... »

Une lueur, très faible, vacille dans leurs prunelles graveleuses : *l'espoir.*

J'observe toujours la souveraine. Elle lisse ses pattes après avoir terminé son carnage. Des morceaux de chair ont adhéré à ses téguments : des bouts d'antennes et de dards. Elle effectue un nettoyage consciencieux. Des frottements qui me donnent le vertige... la plus grande hantise des abeilles !

Je commence à battre de l'aile, sur place.

Il émane de chacun de ses gestes un affligeant mélange d'indifférence et de satisfaction. Tranquillement, sa posture se modifie, sa tête pivote. Elle est revenue dans la chambre qui lui a servi de refuge. Elle semble avoir aperçu l'orifice par lequel je l'observe. Elle s'immobilise face à moi. J'hésite à retirer mon œil : elle ne peut pas me voir, impossible, le trou est minuscule, j'ai pris mes précautions ; je reste là !

Elle s'avance dans ma direction, l'odeur des parfums s'intensifie, on dirait qu'elle me regarde fixement. L'or de ses pattes luit dans la pénombre. J'entre dans une transe semblable à celle qui s'empare des êtres qu'on vient de piquer avec notre dard, sous l'effet du venin. Soudainement, elle quitte mon champ de vision ; silence... Tous mes sens sont à l'affût lorsqu'un bruit me fait sursauter : des grattements sur la paroi opposée. Elle est là, tout près, la cire vibre. Je sens qu'elle explore le mur qui nous sépare. Avec minutie. En s'y frottant. Mon cœur accélère comme en plein vol. Je vois quelques ouvrières ramasser les débris qu'a laissés son entrée fracassante. Puis, brusquement, plus rien ; l'obscurité ! Je comprends alors que cette noirceur est celle de son œil. Il recouvre l'extrémité opposée du petit tunnel. La panique s'empare de moi, mais je ne bouge pas, je veux savoir. J'ai l'impression d'être dans une cave, une grotte. Je fouille pour y trouver quelqu'un. Rien ! Une absence de vie, le vide. Je suis désarmée par l'insensibilité qui entoure ma quête. Je trempe, à la limite, dans une sorte de jubilation ; celle qu'on observe quand l'une d'entre nous raconte ses exploits et qu'elle dénigre les accomplissements de ses sœurs ; ce sentiment de supériorité qui provient de la quantité de nectar butiné ou du temps passé en suspension au-dessus d'une fleur : l'ivresse du pouvoir.

Je n'en peux plus. Je n'ai qu'une envie : fuir ! J'ai besoin d'un regard différent pour me convaincre que j'ai tort, que j'interprète incorrectement ce que je vois, que la vie est toujours présente quelque part... Mais je suis clouée là, sous l'emprise de cette froideur. Je n'arrive plus à bouger, happée par une force qui neutralise toutes les miennes : l'insensibilité à la vie et la terreur qu'elle sème.

Elle ne peut pas m'avoir reconnue ; elle ne me connaît pas. Elle a plongé sa violence dans mon œil, pour m'atteindre, et elle est en voie d'y parvenir. Elle n'a pourtant pas vu ce que je suis, n'a pas pu. Le sien – son œil – est tellement plein d'elle-même qu'il ne peut plus rien voir. Mais je sens mes rêves me quitter et, avec eux, toutes mes facultés... Y compris celle d'aimer.

À l'instant où son indifférence va m'emporter, une violente poussée me projette loin de l'orifice. Je perds l'équilibre et me retrouve étendue sur les ailes, les pattes en l'air. Penchée sur moi, une de mes sœurs : « Que regardais-tu ? »

Tout son corps m'interroge. Elle a l'air apeurée.

Elle poursuit : « Si tu t'étais vue, il ne restait plus rien de toi... Une carcasse sans poids. Un coup d'aile aurait suffi pour te faire tomber. »

J'évite sa question, je suis encore sous le choc de ce que je viens de voir pour la première fois : l'insensibilité et les ravages qu'elle peut faire.

J'arrive à murmurer :

« Que fais-tu ici ?

— La même chose que toi.

— C'est-à-dire ?

— Je suis curieuse moi aussi, tu devrais le savoir, tu me connais depuis le jour de notre naissance. »

En effet, nous travaillons ensemble depuis notre arrivée en ce monde : trente-cinq jours ! Une éternité lorsqu'on en vit quarante. C'est côte à côte que nous avons bâti alvéoles, tunnels, et passages secrets. Nous avons goûté aux joies de la complicité lorsque nous construisions ce qui nous unit aux fleurs et aux hommes. Nous avons découvert qu'il était là le sens de nos existences ; dans l'appréciation du lien où s'abolissent toutes les différences. Nous avons uni nos efforts dans une solidarité qui apaisait nos peurs, mais, maintenant, il y a les parfums... et ma sœur ne peut que joindre son désarroi au mien.

Elle ne sait rien encore, à part la chaleur dehors. Je lui raconte tout : la nouvelle souveraine, la soumission de nos compagnes, la mort des autres reines, mon ventre qui s'engourdit… Tout ! Mais j'insiste sur le vide dans l'œil :

« J'ai vu le vide dans son œil : une absence terrifiante. Un espace où l'existence d'autrui n'a pas de place. Pis encore, un lieu où l'autre n'est qu'un obstacle à éliminer, une nuisance.

— Qu'est-ce que tu racontes ?

— C'est plus grave que le vide, je t'assure, il s'agit d'une négation de la vie et, par conséquent, de tout ce qui est vivant. »

Ma compagne est subjuguée. Je dois m'arrêter. Je n'arrive pas à croire ce que j'exprime. C'est comme si j'avalais mon propre venin. Mais la peur me vient en aide et me donne l'élan nécessaire pour reprendre :

« Dis-moi, aurais-je pu voir au-delà de ce vide ? Plus loin ? Une lueur, une petite flamme me permettant de croire qu'elle pouvait reconnaître ce qui fait mal ? Je te jure, il n'y avait rien. La fragilité de l'autre, sa vulnérabilité… rien de cela n'existe dans son œil. »

Ma sœur hésite :

« Je l'ignore. Je sais cependant que la chaleur n'est pas la seule à nous étouffer. Je ressens la même chose que toi dans mon abdomen. Et je crois comprendre : les parfums ; ils éteignent tout ce qui permet à la vie de continuer : les frissons, les pleurs, les rires ; tout ce qui vibre. J'ai l'impression qu'ils vont même jusqu'à détruire nos ovaires ; cette sensation dans nos ventres… c'est aussi pour cette raison que je suis venue ici. »

Elle marque une pause et appuie sa tête sur l'une de ses pattes, comme pour la reposer. Elle poursuit :

« Je crois qu'il est possible de voir derrière l'indifférence. Mais, cette fois-ci, je ne suis pas certaine qu'il s'agisse d'indifférence...

— De quoi s'agit-il alors ?

— Rappelle-toi les paroles de notre mère, juste avant son dernier envol : l'attachement à... »

Une puissante secousse l'interrompt. La ruche en entier tremble. Une onde parcourt les murs et les planchers. Des fissures les lézardent. Nous mettons un certain temps à saisir qu'il ne s'agit pas d'un tremblement de terre mais d'un appel de la reine !

Un lundi, un autre lundi, gris... mais plus rien n'est pareil. La nouvelle Mère nous convoque à une assemblée spéciale. La rencontre aura lieu en plein air, devant la sortie. Elle demande que nous formions un seul essaim. « Pour mieux vous voir, toutes et chacune », affirme-t-elle. Ma sœur se retourne vers moi : « Peut-être allons-nous enfin comprendre. »

Nous volons au milieu d'un nuage compact, on dirait une brique. Toute la colonie est présente. La tension resserre les liens au point que nous devons redoubler de vigilance pour éviter que nos ailes ne se frappent. Le besoin de se rapprocher pourrait aisément devenir un piège... nous faire sombrer.

La reine est seule devant notre nuée. Elle semble volontairement prolonger son silence alors qu'elle promène son regard sur l'essaim. Je me sens scrutée, personnellement... et je sens qu'il en est ainsi pour chacune d'entre nous. Si nous n'avions pas à bouger légèrement pour nous maintenir en vol, nous serions parfaitement immobiles, comme des soldats humains, au garde-à-vous. Elle fait durer l'attente. Son œil, toujours aussi vide, ne permet nullement d'apaiser mes appréhensions, au contraire, il en impose de plus vives.

« Je suis la nouvelle reine... Votre dernière reine ! »

Notre bourdonnement prend de l'ampleur : la dernière reine ?... L'essaim se dilate, se contracte, se dilate... nous cherchons des réponses dans la rumeur, à nouveau.

Puis nous ralentissons nos battements ; nous atteignons le seuil de la fréquence qui permet le vol. Si ce n'était le bruit que font encore nos ailes, on entendrait voler une mouche. Dans l'insupportable chaleur où peinent nos corps, la souveraine demeure aussi froide que le givre. Elle enchaîne avec l'aplomb de l'insolence :

« Vous devriez vous réjouir, vous avez le privilège d'assister à une grande première dans l'histoire des abeilles, bien plus encore : dans l'histoire de la vie ! Les hommes ont modifié ma génétique. Habituellement, quand une reine est fatiguée, on la remplace ; dans mon cas, ce ne sera jamais nécessaire. On a introduit des nano-organes dans mon corps. Je suis dotée d'une intelligence qu'on dit artificielle. Je suis le plus grand changement depuis l'origine de l'univers, une modification radicale de l'évolution, la première représentante de l'avenir, et j'ai le regret de vous annoncer qu'on n'aura bientôt plus besoin de vous ! Vos remplaçantes sont sur le point d'arriver.

— Nos remplaçantes ?... » Le vol devient chaotique. L'agitation nous éloigne les unes des autres. Nous tombons tour à tour, comme prises dans des turbulences. La physionomie de la souveraine n'exprime aucune compassion. Je me demande d'ailleurs pourquoi elle nous prévient. Je soupçonne, comme raison, le goût de se donner en spectacle. Peut-être les hommes lui ont-ils aussi transmis ce besoin. La jubilation semble à nouveau s'emparer d'elle :

« Il fallait briser les limites. Celles de vos corps, vos ailes, vos vols ; les dépasser, aller plus loin... Vous n'étiez plus assez productives, performantes. Une transformation devenait nécessaire. Les hommes y sont parvenus. Je suis la matérialisation de cette réussite. »

Elle prend de la hauteur, s'élève lentement au-dessus du groupe. On croirait qu'elle grossit – une hallucination peut-être... ou quelque chose qui s'empare de nos têtes. Curieusement, plus son image nous recouvre, à la manière d'une ombre, plus la souveraine semble s'éloigner, comme si, en envahissant nos consciences, elle se déconnectait de ce que nous sommes, de nos vies.

Elle est seule, et nous sommes des milliers ; pourtant, la peur nous coupe les ailes. L'essaim perd de l'altitude. Il n'existe plus aucune coordination entre nos gestes, aucune harmonie. Le chaos prend de l'ampleur. L'équilibre que nous assurions collectivement est définitivement rompu. Nous surveillons maintenant nos voisines. La méfiance mobilise nos antennes et tout ce qui tremble en nous. Le moindre effleurement est perçu comme une menace et nous brandissons nos dards à la face de nos sœurs. La reine reprend :

« Avant de partir, vous effectuerez certaines tâches : la première consistera à sceller les opercules afin de stériliser la ruche.

Comme à l'habitude, vous utiliserez du pollen et, même s'il se fait rare, vous en trouverez ! »

Le ton est imperturbable. Une lame de rasoir ne pourrait être plus tranchante :

« Les cocons vont sécher et les nymphes se déshydrater. Par la suite, il faudra nettoyer. De toute façon, les corps n'auront bientôt plus d'importance ; nul besoin de cœurs, d'antennes ou de têtes dans le monde dont je suis le prototype : mes semblables et moi serons ce monde ! »

Ma sœur se rapproche de moi et, d'un discret mouvement de tête, m'indique son intention de fuir. Nos ailes se touchent, je pars en vrille et heurte quelques compagnes. On me bouscule comme si je l'avais fait exprès ; nous avons toutes les nerfs à vif. Ma chute est brève. J'arrive tant bien que mal à retrouver mon espace de vol. À mon tour, j'essaie de me faire discrète. Je signale à ma sœur qu'il est à mon avis impossible de quitter l'essaim :

« Nous avons beau être quatre-vingt mille à voler ensemble, une sortie du groupe pourrait être immédiatement repérée. Nous ignorons ce que les humains ont placé dans l'œil de la souveraine, un détecteur peut-être... De quoi devenir parano. »

La proximité est grande. D'autres sœurs se mêlent à nos échanges, elles m'appuient :

« Nous savons ce dont ils sont capables. Ils ont du génie pour concevoir des systèmes de surveillance et de contrôle. Leur obsession pour la protection n'a d'égale que l'intensité de leur peur. Ils nous enfument quand vient le temps de nous approcher, nous étouffent pour nous rendre inoffensives. En nous asphyxiant, ils nous désarment. Accablées d'étourdissements, inconscientes, nous perdons le pouvoir de nous protéger. Qui sait ce qu'ils ont installé dans la reine ? Il y a aussi la chaleur et les parfums... »

Nos murmures se mêlent aux marmonnements collectifs. La souveraine, en apparence, n'y prête aucune attention. Elle continue :

« Plus besoin de mâles. Depuis des siècles, les reines reviennent au nid avec les organes génitaux des faux bourdons accrochés à leur abdomen, résultat d'un arrachement sec après copulation : quelle époque ridicule ! Il n'y aura plus de vol nuptial. Terminée, cette autre perte de temps ! »

Une nouvelle rumeur s'élève. Elle provient de la section où volent les faux bourdons. Ils se tiennent ensemble, en rangs serrés. On dirait qu'ils tirent une certaine sécurité de leur isolement. Peut-être ignorent-ils que la nervosité n'a pas de sexe, et la terreur non plus, et que nous avons la souffrance en commun. Peut-être ont-ils oublié qu'ils n'ont pas de dard et qu'ils doivent compter sur nous pour leur défense. Ils ont toujours considéré les femelles comme étant à leur service et, depuis leur peloton, nous jaugent encore : serons-nous à leur hauteur ? Le sens de leur vie tournait autour d'un seul rêve : féconder la souveraine. Plusieurs ne faisaient rien d'autre que se laisser nourrir en attendant le bal de la fécondation. Ils savouraient à peine ce que nous leur présentions, consacrant leur énergie à se répéter qu'ils seraient chacun l'heureux élu ! Pas étonnant qu'en ce moment ils bourdonnent tant !

La reine n'en finit plus de s'adresser à elle-même :

« Nous ne serons plus dépendantes du nectar car nous trouverons l'énergie ailleurs, autrement. Les hommes préparent actuellement des piles alimentées par les vents et le soleil ; elles seront, tout comme vous, remplaçables. Et le jour où vents et soleil auront disparu, les hommes auront trouvé autre chose. Ils y travaillent déjà ! Nous serons alors parfaitement autonomes et pourrons accomplir sans peine notre nouveau destin : transporter leur mémoire ! »

Ma sœur s'agite. D'un coup de patte, elle fait comme si elle se tranchait le cou. Elle me signifie qu'il ne nous reste plus beaucoup de temps, qu'il faut trouver une solution. Je l'invite à se calmer en dépit des circonstances.

Nous regardons la reine se contempler dans nos regards : à sa disposition, quatre-vingt mille paires d'yeux pour lui donner le sentiment d'exister, d'être quelqu'un ; la mémoire des hommes est déjà à l'œuvre dans son attitude ; ils ont transféré dans ses circuits leur puéril besoin d'attention. Ils y ont transféré leur ego !

Elle enchaîne :

« La nature ne sera plus d'aucune utilité. Les problèmes environnementaux se règleront d'eux-mêmes, puisque l'environnement aura fait son temps et tombera en désuétude. Chaleur, gel, sècheresse, inondations, ouragans ne soulèveront plus d'inquiétude parce que les changements climatiques appartiendront à une époque révolue ; l'époque où les climats existaient encore. Et, même s'il ne reste plus personne pour s'en préoccuper, on s'en fout, car l'essentiel sera conservé : le "moi" des hommes ! Je suis conçue pour l'entreposer ; une forme de bunker – modèle réduit – pour abriter l'ego. Le génie humain a toujours su miniaturiser ses inventions, et il vient de concevoir le plus grand de tous ses chefs-d'œuvre : moi ! Micro-coffre-fort ailé où seront préservées ses identités. Mes ailes les transporteront dans le temps et l'espace, ce qui permet aux hommes de dire : "Je suis ! Éternellement, peut-être..." »

Elle se pâme devant son propre discours. L'ego est bel et bien là, miniaturisé. Un crescendo du vrombissement nous fait comprendre que nous ne sommes pas au bout de ses envolées :

« Les espèces vivantes s'éteindront les unes après les autres, mais je leur survivrai ! Pas besoin d'eau, de feu, d'air ou de nourriture ; nous n'aurons plus soif, plus faim, plus mal. Nous ne serons jamais fatiguées. Nous ne vieillirons plus. Nous n'aurons plus besoin des prés, des champs, des pâturages ; fleurs, étangs, saisons – mai, juin, juillet –, aucun intérêt ! Montagnes, rivières, plaines : inutiles... À travers moi, l'aboutissement de l'évolution est atteint ! Je suis le triomphe du Big Bang ! »

Toutes ses pattes applaudissent. Elle s'offre sa propre ovation debout :

« Les hommes sont arrivés à transposer le contenu de leur mémoire dans les nanocircuits qui constituent mon anatomie : leurs connaissances, leurs croyances, le contenu de leurs pensées ; l'ensemble des informations auxquelles ils sont attachés. Ils ont transféré ce qui les distingue les uns des autres : leurs religions, leurs nationalités, leurs cultures, leurs races, leurs langues ; tout ce qui leur permet de dire qu'ils sont différents, uniques, spéciaux... alors forêts, mers et volcans peuvent bien se désintégrer, l'essentiel est sauvé ! »

Elle se gratte un peu la tête, trois pattes à la fois :

« Et même si la Terre n'existe plus, j'aurai dans mes circuits la mémoire des territoires qu'ils avaient tracés ou dont ils s'étaient emparés. Les intelligences artificielles pourront revendiquer forêts, déserts et fleuves puisque, même disparus, les sols, exploitations agricoles et autres types d'héritages existeront sous forme d'unités de stockage. Les conflits qui passionnent tant les humains seront donc encore possibles. Il suffira de mettre divers enregistrements en présence les uns des autres. Je dirigerai ces querelles afin que rien ne s'efface ; un bogue est si vite arrivé ! Les unités de stockage pourront affirmer qu'elles sont fières d'être porteuses de leurs archivages, puisqu'ils leur fournissent une identité et leur confèrent ainsi le sentiment d'exister, d'être vivantes. »

Ma sœur cherche un appui. Elle perd de l'altitude. Son vol a le hoquet. Je m'installe sous elle et l'accueille sur mon dos le temps qu'elle récupère.

À cet instant précis, d'autres reines font leur apparition. Semblables à la première. D'où viennent-elles ? Difficile à déterminer... Elles surgissent à droite, à gauche, en haut, en bas. Elles sont en tout point identiques à la première. Elles nous entourent :

« Voici vos remplaçantes : ultraperformantes, imperturbables, insensibles. La sensibilité est obsolète. Nous n'en aurons plus besoin. La souffrance est éliminée. Finis, l'éthique, le respect, la courtoisie et toutes ces futilités. Combien de temps, au cours des ans passés, avons-nous perdu dans ces considérations sans rapport avec l'efficacité ? Notre mission a changé, nous ne fabriquerons plus de miel. Un seul objectif : sauvegarder les images que les hommes ont fabriquées d'eux-mêmes. Nous perpétuerons les multiples histoires qu'ils ont pu mettre après les mots “je suis”. Ces représentations qui ont donné à chacun et à chacune l’impression d’exister sous la forme d’une équipe de sport, d’un parti politique, d’une nation, d’une religion ou de n’importe quelle entité qu’ils ont pu inventer. Tout le reste pourra s’évanouir, même la vie. Quel usage pourrait-on en faire de toute façon ? Elle est désormais dépassée. »

Les reines se mettent à tourner autour de nous, triomphantes.

« Vous en êtes à vos derniers jours. Nous ne vous tuerons pas, nous vous laisserons mourir de vieillesse ; à quoi bon dépenser notre énergie même si elle est renouvelable ? »

Aucun affect dans cette affirmation. Elle sait le nombre de jours qu’il nous reste. Un calcul froid. Tout est calcul chez elle. Les inflexions de la tête, la position des ailes, les mouvements du corps. Sept à huit jours, voilà ce qu’il nous reste. Et nous sommes sèchement expulsées de nos vies.

« Vous pouvez partir, la nouvelle ère est commencée ! »

Quelques souveraines s’écartent. Une porte s’ouvre dans la sphère qu’elles forment, une sortie. Nous n’avons pas le choix, leurs pattes nous montrent la direction. Une envolée s’amorce, très lente... Une colonne d’ouvrières et de faux bourdons s’éloigne peu à peu de la ruche. Nulle ne sait vraiment où aller. Nous volons sans but, livrés aux caprices du vent. Nos battements d’ailes sont machinaux. Nous avons perdu toute envie d’avancer.

Un lundi. Un autre lundi, gris. Plus rien n’est ordinaire.

Ma sœur m’invite à la suivre. Elle m’entraîne dans une fissure au milieu d’une pierre.

« Ici, nous serons tranquilles. On ne peut se fier à aucune de nos compagnes ; il ne faut surtout pas jouer avec la peur ! »

Elle s'enfonce, longe la paroi de la petite crevasse.

« Et c'est frais ; nous sommes à l'ombre. »

Elle gratte la surface de la roche, violemment. Je crains qu'elle ne se blesse. J'interviens :

« Arrête, tu vas te faire mal ! Que fais-tu ? »

Elle se met à gratter plus fort encore ; des coups sur la pierre. Une patte d'abeille martelant un grand caillou, pour le casser. Une tentative de faire éclater son impuissance, sans doute, devant notre destin.

« Je ne pourrai jamais être reine !

— Quoi ?

— Le parfum, il a détruit mes ovaires... »

Je me sens pâlir – ce qui est très rare pour une abeille. Là où nous sommes, dans l'obscurité de cette fente, ma compagne ne peut pas s'en rendre compte. D'un léger frottement, je lui exprime mon étonnement : comment peut-elle s'apitoyer sur son sort alors que l'espèce entière est menacée ? Elle ne saisit pas, évoque ses rêves :

« J'ai cru que, si j'y consacrais toute mon énergie, mes rêves se réaliseraient. Devenir reine. Engendrer toute une ruche. Être la seule mère de quatre-vingt mille descendantes. Marquer l'histoire de notre espèce en multipliant les pontes au-delà de tout ce qui aurait pu être réalisé avant moi. Devenir celle dont on relaterait encore les exploits dans plusieurs générations. Être inoubliable ; vivre sans fin dans les histoires racontées à mon sujet. »

Elle s'interrompt. Recommence à frapper la surface de granit. Finit par se fracturer la patte. Je m'approche et tente de l'apaiser en la caressant d'une antenne. Elle en rajoute : « Tout vient de basculer… C'est fini ! À quoi vais-je servir maintenant ? »

Je n'hésite même pas : « À permettre à la vie de continuer. »

L'agitation cesse. Elle masse son membre brisé, je l'aide, je le masse aussi. Elle me laisse faire : « Et comment on fait cela… permettre à la vie de continuer ?

— En demeurant sensible à toutes ses manifestations. »

Je lui masse maintenant la tête, le thorax, l'abdomen. Je m'arrête pour sentir les soubresauts, leur apaisement. J'ajuste la pression : légèreté, effleurement, un peu plus de fermeté… Tout son corps ralentit. Ce sont maintenant mes pattes qui chuchotent : « Nous sommes bannies, mais la reine ne nous a pas volé notre faculté d'aimer. »

Ma sœur s'abandonne, livre sa blessure à mes soins. Elle appuie sa tête sur mon thorax, baisse les antennes : « Je comprends. »

Les derniers îlots de résistance se défont. Ne restent que mes caresses glissant sur son silence. J'utilise mes ailes pour lui souffler :

« La vie n'a pas été fabriquée par le cerveau des hommes ; ils n'en sont qu'une des formes. Curieusement, ils ont maintenant l'impression d'en être distincts. Pareils à des ados défiant leurs parents – j'en ai observé des dizaines depuis des pots de confiture –, ils estiment ne plus avoir besoin d'elle. À force de vouloir être uniques, ils ont développé le sentiment de ne plus appartenir à cet ensemble que nous formons, ce mystère qui nous connecte ; ils se comportent comme s'ils en étaient définitivement séparés. Ils investissent tout leur avenir dans des mémoires et ont oublié d'où ils viennent. Dans leur quête perpétuelle du dépassement, ils ont fini par l'outrepasser, elle, la vie... »

Ma sœur tend vers moi un regard reconnaissant. Dans certains temples où j'ai butiné – il y a des fleurs magnifiques autour des statues –, on qualifierait un tel regard d'« offrande ». Plutôt que de m'y contempler, ainsi que le faisait la reine, j'y pénètre et m'émerveille de la présence que j'y trouve. Cette rencontre, où nous sommes plus que nues, m'incite à poursuivre :

« On nous a exilées, rejetées, humiliées, mais notre capacité de soigner est intacte. Nous ne devons laisser aucune créature nous l'enlever ; surtout pas une reine artificielle. Si l'une d'entre nous se consume dans le regret de ne pas avoir été spéciale ou exceptionnelle, elle donne à cette fausse reine un pouvoir qu'elle n'a pas. Lorsque nous consacrons notre attention à comparer ce que nous avons été et ce que nous aurions pu être, nous débranchons nos facultés les plus précieuses : s'émerveiller, construire, créer, nourrir, apprendre, transmettre, et bien d'autres... Elles sont là, en nous, mais ne servent pas. Nous n'en sommes plus conscientes. Nous errons dans ce qui n'existe plus – le passé – plutôt que d'être connectées au réel : la vie qui ne demande qu'à s'exprimer. »

Ma sœur colle ses ailes aux miennes. Elle les presse pour m'indiquer son appui. Nous les plaçons à la verticale en signe de solidarité. Je poursuis les massages de son membre blessé :

« En s'isolant de la vie, les hommes s'isolent de tout ce qui est relié et, du coup, de ce qu'ils ont un jour appelé la tendresse, l'affection, l'amour. À nous d'éviter ce piège. »

Je ressens tout à coup une caresse sur ma tête. Je bouge un peu, afin de recevoir tout ce qu'elle a à donner. Ma sœur s'en rend compte. Elle se met à chantonner un air entendu dans un jardin, alors que nous volions au-dessus d'un berceau. Une mère veillant son enfant. J'entends la nôtre – notre mère – à son départ, c'est le même chant : « Je me sens plus que jamais féconde, vibrant de cette fécondité que personne ne peut toucher ou détruire ; cette mystérieuse pulsation qui bat dans chacune de nos fibres. » Ma sœur adapte l'air à notre langage, me berce pendant quelques instants, me caresse à nouveau, puis ajoute :

« J'ai saisi ce que tu veux me transmettre, et cette caresse en est la preuve. Je viens d'apprendre que chaque caresse est pareille à nulle autre ; qu'il n'en existe aucune semblable à celle qui précède. Mais il faut sortir l'attention du monde de la mémoire pour le découvrir et quitter toute forme d'attachement pour l'apprécier, y compris l'attachement à ses rêves. »

Elle s'interrompt. Dérobe un peu de complicité au silence. Se confie à elle-même :

« Je peux rêver sans attachement... »

Si les abeilles étaient capables de sourire, c'est ce que j'aurais vu, là, au bas de sa tête, sous ses yeux : un sourire comme ceux qu'on voit dans les berceaux en réponse à la caresse. Je m'active :

« Nous devons quitter cette fissure. Sortir de l'ombre. Trouver d'autres sœurs. Plus jeunes, plus vieilles – c'est pareil ! Plus faibles, plus fortes ; elles ont toutes leur importance. Peut-être retrouverons-nous même notre mère... Il n'est pas vrai que tout est fini. Nous savons que ce ne sont pas les hommes qui protégeront la vie ; il ne tient qu'à nous d'en assurer le maintien. Nous avons quelques jours pour construire une nouvelle ruche, ailleurs, dans la clandestinité, peu importe. Transporter ce que nous trouverons de pollen d'une fleur à l'autre, saupoudrer les pistils malgré la chaleur, nourrir notre mère – qui sait – ou celle qui lui succèdera. Et surtout, surtout : quitter le besoin d'être unique. »

Je regarde ma sœur pour m'assurer qu'elle ne sera pas offensée par cette remarque. Elle me conforte immédiatement :

« Ne t'inquiète pas, j'ai compris. J'ai compris qu'il s'agissait d'un faux besoin, que nous sommes déjà toutes uniques – couleur de poils, longueur de pattes, vitesse de vol – et que cela n'a aucune importance. On peut consacrer toute sa vie à vouloir se distinguer sans jamais réaliser que c'est une pure perte de temps ! Nous avons été contaminées au contact des hommes. Ils nous accusent parfois de transporter des maladies, ils en transportent aussi. Et la pire de toutes est celle qui nous prive de la confiance mutuelle : le mal du moi ! »

Elle dégage une assurance qui provoque chez moi un vieux réflexe : la sortie du dard. Je dois apaiser ma propre peur, instinctive, et ramener mon attention sur l'enthousiasme de ma sœur. Elle en remet une couche :

« Toute forme de vie célèbre la confiance. Ou, formulée à la manière des hommes : la connexion. Nous devons la rétablir entre nous. Il n'y a pas mille moyens, il n'y en a qu'un : apaiser la peur de disparaître. »

J'ai toujours la patte sur son membre cassé. Je sens l'énergie regagner son corps. J'apprécie la ferveur de son élan. Mais, au cas où subsisterait un doute – je l'ai souvent vue hésiter devant deux ou trois fleurs invitantes –, je me permets d'ajouter :

« En transférant leur mémoire, les hommes ont aussi transféré leur peur de disparaître. Celle-ci est désormais inscrite dans les circuits de toutes les reines qui nous ont cernées. Et dans leurs gènes modifiés. Elles finiront par s'affronter, c'est inévitable. Seulement… elles l'ignorent. »

Comme l'on pouvait s'y attendre, une interrogation soulève les antennes de ma sœur. Je poursuis sans aucune hésitation :

« La peur de ne plus exister contient toujours les germes de l'affrontement. Comme les hommes développent le sentiment d'*être quelqu'un* à travers les identités qu'ils fabriquent, ils s'acharnent à les faire survivre et se heurtent nécessairement au même acharnement chez d'autres : une idée, une croyance, une opinion différentes. Et les conflits peuvent durer longtemps après que ces identités ont perdu toute raison d'être. Les nouvelles reines transporteront les germes du conflit partout où elles iront. Éternellement, peut-être…

— Que faire alors ?

— Une seule issue : maintenir notre attention dans le présent. Les hommes en parlent constamment mais n'ont rien compris : ils veulent transporter leur mémoire dans le futur dans l'espoir d'y trouver le présent ! Ce n'est pas la mémoire qui trouve le présent, c'est l'attention ! Nous pouvons nous raconter des tas d'histoires à propos de notre disparition prochaine et oublier l'essentiel : la sensibilité. Il nous faut l'habiter, de toute notre conscience.

— Et on fait ça comment ?

— En sentant les étamines coller à nos corps quand nous pénétrons la fleur ; en savourant la présence du pollen sur nos poils, nos pattes, nos antennes ; en observant cette poudre adhérer aux pistils lorsque nous les effleurons tour à tour ; en contemplant ce passage... C'est ainsi que la vie se prolonge dans l'ail, les amandes, les asperges, le persil, les poires, les pêches et des centaines d'herbes et de fruits... La vie continue à travers cette présence... Il suffit d'y être. »

Ma sœur opine de la tête. Elle caresse la mienne une fois de plus et, comme si elle voulait confirmer qu'elle a vraiment entendu mon message, elle ajoute : « Toute identité craint l'effacement, mais la faculté d'aimer ne le craindra jamais. Elle est ineffaçable. »

Nous appuyons nos pattes arrière sur la paroi rocheuse et, d'un élan vif, prenons notre envol. Quelques instants suffisent pour rejoindre l'essaim. Il est là, immobile, au milieu de nulle part ; bafouille, fait du surplace, ne sait toujours pas où aller.

Ma sœur tient sa patte cassée avec deux autres de ses pattes. L'essaim la remarque, se tourne vers elle... des restes de solidarité ; la faculté de soigner qui ne s'efface pas.

Nous prenons place toutes les deux, côte à côte, devant nos quatre-vingt mille sœurs et là, propulsées par la confiance, partageons le contenu de nos échanges. Déjà le bourdonnement s'intensifie, un bourdonnement approbateur. Une clameur d'ailes qui vrombissent. Un hurlement d'ailes qui disent : « OUI, OUI, OUI ! »

Ma sœur frémit. Je crois qu'elle guérit...

Alors que nous amorçons notre quête des fleurs encore debout, un escadron surgit à l'horizon. Il s'approche rapidement de nous. Elles sont cinq ou six, elles parviennent à notre hauteur. À cet instant, une autre sœur, toute petite, agite ses ailes comme nous le faisons toujours lorsqu'un danger guette la ruche. Elle ne sait visiblement pas par où commencer. Tout son être bafouille :

« Nous avons traîné de la patte et nous en sommes désolées. Nous volions plus bas que le groupe – notre jeunesse sans doute – quand une grande tache noire a attiré notre attention. Une forme semblable à celles que dessine l'huile quand les humains la renversent. Un cercle sombre que nous n'avions jamais vu à cet endroit. Avec une prudence inouïe, nous sommes descendues le plus près possible – surtout ne pas nous faire remarquer. Une scène familière nous a immédiatement interpellées : des fourmis ! Des milliers d'ouvrières étaient cernées par des reines immenses. L'assemblée couvrait une surface d'environ trois mètres de diamètre. Les souveraines avaient des ailes beaucoup plus larges que les nôtres. L'une d'entre elles, la plus grande, volait au-dessus de l'assistance, comme si elle en faisait l'inspection. Les ouvrières paraissaient toutes paralysées. Nous avons tendu l'antenne et, à notre grande surprise, avons saisi une condamnation sans équivoque. On maudissait leur inefficacité, leur manque de talent et leur absence d'engagement. Une scène pareille à celle que nous venions de vivre. Les reines clamaient avec une fierté sans mesure qu'elles avaient été choisies par les hommes pour transporter leur mémoire... Qu'elles étaient les élues et que bientôt la terre n'aurait plus besoin ni des fourmis, ni des pivoines, ni des arbres, ni de quoi que ce soit d'autre ; seulement d'elles-mêmes : les reines génétiquement modifiées et leurs nano-organes. Une tirade parfaitement semblable à celle qu'on nous a assenée. Un hommage de la mémoire des hommes à son propre égard. »

La petite sœur est au bout d'elle-même. Elle attend ma réaction. Je suis consternée. Je ne peux que partager mes déductions :

« Les hommes les ont manipulées, elles aussi. J'ignorais qu'elles avaient un besoin d'attention et qu'on pourrait s'en servir. Les humains l'ont certainement découvert en les étudiant. Comme ils l'ont fait avec nous. Et plutôt que de nous venir en aide en ces temps difficiles, ils ont choisi de nous utiliser pour perpétuer ce qui leur donne le sentiment d'exister. Ils le feront peut-être aussi avec les guêpes et les termites ; qui sait jusqu'où ira leur besoin d'immortaliser leur moi ? Ils ne réalisent pas qu'ils vont dresser les uns contre les autres tous les insectes dans lesquels ils ont installé leurs puces. »

Je m'arrête tellement je suis sous le choc. Je vois déjà les guerres entre humains par insectes interposés. Je ressens l'urgence d'agir. Je balaie tout l'essaim du regard et, avec la sérénité qui conduit au plus fin des miels, j'appelle :

« Nous devons bouger, vite ! Peut-être pourrons-nous faire des fourmis nos alliées. Pendant que les hommes tentent de perpétuer leur ego, nous allons tenter de perpétuer la vie. Que toutes celles qui y croient me suivent. »

Je me lance. Je n'ai aucune attente. Mais, à peine envolée, j'entends derrière moi des milliers d'ailes qui battent à l'unisson.

*

CLÉ N° 2... AU CAS OÙ...

Revenons à notre tortue. Elle est toujours chez le psychanalyste. Il lui avait fallu un certain temps pour se retourner et retomber sur ses quatre pattes. Elle est un peu forte de la carapace. Maintenant, immobile devant le thérapeute, elle attend d'autres réponses. Une recette. Une solution instantanée. Quelque chose comme une infusion renfermant des herbes qui apaiseraient toutes ses peurs. Surtout sa peur de ne pas atteindre les cent ans ! Elle y pense constamment, elle compte même les jours qu'il lui reste avant de rejoindre cet objectif. Hier, elle célébrait son soixante-dix-septième anniversaire ; la fin de l'enfance à ses yeux.

Le psychanalyste la presse un peu tout de même : « Vous savez, j'ai une autre patiente, alors, sans vouloir vous offenser, il faudrait vous activer... » Alors qu'elle atteint finalement la porte, la tortue se voit dans une glace, se retourne vers le thérapeute et dit : « J'ai mis du temps à comprendre, n'est-ce pas ? »

Le psychanalyste perd légèrement patience : « C'est à cause de votre cerveau reptilien. On verra cela la prochaine fois. »

Elle insiste : « Mais j'ai toujours été lente. »

Il la pousse un peu : « Je vais vous faire voir par un spécialiste des cerveaux reptiliens. Il est thérapeute pour serpents, iguanes, lézards et, bien sûr, pour tortues. Je dois cependant vous prévenir, il élève aussi des perroquets. Il possède une grande âme : il récupère les volatiles dont certains humains ne veulent plus. Il met des petites annonces : "Si vous voulez vous débarrasser de vos perroquets, n'hésitez pas, surtout si vous n'êtes plus capables de les entendre. Plutôt que de les occire, composez le numéro suivant : 06 06 06..." Il adore les écouter répéter les mêmes choses toute la journée… Il dit qu'il en apprend beaucoup sur ceux qui les ont laissés tomber. Il prend des notes pour de futurs traités scientifiques. »

La tortue finit par quitter le bureau et la porte se referme derrière elle. Dans la salle d'attente, une girafe la regarde : « C'est mon cou, je n'aime pas mon cou ! » La tortue est étonnée d'avoir droit à une telle confidence. La girafe, qui a visiblement un grand besoin de se confier, poursuit sans attendre : « J'ai vu un chirurgien esthétique. Je lui ai dit que je voulais me faire réduire le cou, le ramener à taille humaine. Il m'a dit qu'il n'avait pas l'habitude, que ses clients voulaient davantage se faire remonter le visage que se le faire descendre… Et qu'il y avait un grand risque. Surtout pour manger. Qu'il faudrait que je me contente des feuilles du bas dans les acacias. Et que je me mettrais peut-être à envier les girafes qui peuvent avoir accès aux feuilles du haut. Et que ça deviendrait compliqué pour la digestion. Qu'elle serait énormément accélérée. Et que je ne pourrais probablement plus régurgiter, ce qui constituerait un sérieux problème étant donné que la régurgitation fait partie intégrante de mon processus digestif. Et qu'il y avait aussi un risque pour le cœur. Qu'il s'affaiblirait peut-être d'avoir à pomper moins fort. Et pour la respiration. Qu'elle serait très courte ; une hyperventilation constante, de quoi être étourdie en permanence. Je lui ai dit que cette dernière éventualité ne me causait pas de problème car j'avais le vertige depuis ma naissance.

« Il m'a demandé pourquoi je désirais un cou à taille humaine et j'ai répondu : “Pour qu'on me voie mieux !” »

Voyant l'étonnement de la tortue, la girafe ajoute : « Oui, plutôt que d'entendre : “T'as vu les girafes là-bas ?” j'entendrais : “T'as vu la girafe là-bas, avec son petit cou, comme elle est spéciale” ?

« En plus, je pourrais me voir beaucoup plus facilement moi-même. Je n'aurais plus besoin d'écarter les pattes ou de plier les genoux pour me mirer dans le fleuve. Vous savez, une telle position est très inconfortable et nous rend fort vulnérables. Des crocodiles pourraient en profiter. »

La tortue, empathique :

« Mince, vous ne pouvez jamais vous regarder ?

— Non, car il est très dangereux pour nous de contempler notre image...

— Je vois... vous pourriez disparaître dedans.

— C'est ça. Mais avec un cou à taille humaine, je n'aurais plus ce problème. Et peut-être que j'apprendrais également à bâiller. Car nous, les girafes, même si on dort moins de deux heures par jour, et qu'on dort debout, on ne sait pas bâiller. »

La tortue, intriguée :

« Vous dormez debout ?

— Oui, à cause des lions. Si nous dormions couchées, nous n'aurions jamais le temps de nous relever pour nous défendre.

— Intéressant...

— Oui, bon... Mais avec un cou à taille humaine, peut-être finirais-je par apprendre à bâiller. Je deviendrais alors la seule girafe au monde à maîtriser ce savoir-faire. Toutes mes semblables en seraient vertes de jalousie... Comme j'aimerais voir cela : moi, au milieu de la plaine, entourée d'innombrables girafes vertes... Je me sentirais enfin unique... Le bonheur, quoi ! »

La tortue, dubitative : « Vous croyez, vraiment ? »

La girafe ne semble pas avoir entendu, peut-être ses oreilles sont-elles trop haut perchées, elle poursuit :

« Mais le chirurgien esthétique a fini par me dire : “Je crois que ça ne vaut pas le coup !” et il a éclaté de rire. À s’en tenir le ventre. Il l’a répété plusieurs fois de suite. Il se trouvait drôle : “Ça ne vaut pas le coup ! Ça ne vaut pas le coup !...” J’ai cru qu’il riait de moi et cela m’a profondément blessée. Il m’a donc conseillé de suivre une thérapie avant l’intervention chirurgicale. Puis, à l’instant où je quittais son cabinet, il a ajouté : “Allez-vous tenir le coup jusque-là ?... Vous m’avez bien entendu... tenir le coup ?... ” Et, à nouveau, il a ri aux éclats. Il se trouvait vraiment très drôle. »

La tortue éprouve soudainement un profond bien-être, elle redresse la tête et dit : « Merci ! Vous savez, je crois que le chirurgien voulait vous lancer un message. Moi, si je suis venue voir le psychanalyste, c’est que je ne comprends pas vite, à cause de mon cerveau reptilien. Mais vous venez de m’aider. Et si le psychanalyste vous demande de vous coucher sur le dos, vous devriez le faire. Il a probablement des bouts de bois ou des pierres pour vous. Je m’en vais de ce pas chez l’éleveur de perroquets. »

*

Clés pour les cerveaux gauches

Il est difficile d'imaginer une girafe avec un cou à taille humaine... Et, pourtant, nous ressemblons fréquemment à ce que représente cette caricature ; nous sommes prisonniers de faux besoins, ceux de notre ego ! Le besoin d'être aimé et, à cette fin, d'entretenir une image qui permettra d'attirer l'attention. Une image qui nous distinguera ou nous fera enfin remarquer.

Nous associons, depuis notre plus tendre enfance, le fait de recevoir de l'attention à notre survie. Et, très tôt, nous avons associé ce qui nous distinguait (ce qui nous rendait exceptionnel, unique) à l'attention que cela nous procurait. Nous cherchions inconsciemment des clés pour faire entendre notre voix : « Occupez-vous de moi, s'il vous plaît ! » Puis le *processus d'identification* s'est mis de la partie et nous avons construit nos multiples identités autour de ce qui, à nos yeux, pouvait faire de nous des êtres « aimables », au sens de : « dignes d'intérêt ».

Ce fameux processus demeure actif toute la vie. Il suffit d'une fraction de seconde pour que nous adoptions une identité qui pourrait permettre de résoudre la vieille équation : *être exceptionnel = je suis aimé/je suis digne d'intérêt = je survis* (puisqu'on s'occupe de moi). Nous achetons certaines voitures, non pas pour qu'elles nous mènent du point A au point B, mais pour recevoir de l'attention ; l'ego y entretient l'illusion de son immortalité ! Il en va de même pour ce que nous faisons. On s'identifie à son métier, à sa profession, à ce que l'on fabrique ; autrement dit, nous devenons ce qui sort de nous. Tout jugement ou rejet de ce que nous concevons ou créons est perçu comme une menace à notre survie ; de là, la réaction très primitive de lutte ou de fuite devant la moindre critique. De là aussi le goût de critiquer.

Et le processus d'identification endosse également des opinions, des croyances et des idées. Apparaissent sans cesse de nouvelles équations : *ce que je pense = ce que je suis* (ça vous rappelle quelque chose ?) ; ou : *ce que je crois = ce que je suis.* Parce que cela me distingue !

Le processus d'identification va même jusqu'à construire des identités collectives – nations, religions –, toujours défendues au même titre que le vivant. Et hop, on y va avec une bombe ou un attentat !

Or, une opinion, si passionnante soit-elle, n'est pas ce que nous sommes ! Nous en changeons souvent au cours d'une existence – heureusement – et nous ne disparaissons pas chaque fois ! La fable *La Ruche* (et toutes celles qui vont suivre) a pour but de mettre en évidence cette « arnaque psychique », cette erreur de parcours dans l'évolution : nous avons adopté pour identité le contenu de notre mémoire ! Et nous réagissons depuis – c'est devenu un réflexe – en défendant ce contenu comme s'il y allait de notre survie.

“Nous vivons donc entre la peur et l'hostilité ; les deux émotions les plus primitives qu'on puisse imaginer. La peur pour fuir et l'hostilité pour se défendre. Et nous passons à côté de nos vies.”

L'une des conséquences les plus graves de ce fatras identitaire réside dans l'envie de détruire tout ce qui nous empêche de nous sentir uniques ou de nous considérer comme exceptionnels ! Il nous arrive régulièrement d'être instantanément envahis par le mépris de ce qui reçoit plus d'attention que nous. Et nous considérons que c'est normal, que « c'est la vie ! ».

Dans *La Ruche*, nous retrouvons ces mots (ah, les abeilles !) : « Lorsque nous consacrons notre attention à comparer ce que nous avons été et ce que nous aurions pu être, nous débranchons nos facultés les plus précieuses : s'émerveiller, construire, créer, savourer, apprendre, transmettre et bien d'autres... Elles sont là, en nous, mais ne servent pas. Nous n'en sommes plus conscientes. Nous errons dans ce qui n'existe plus – le passé – plutôt que d'être connectées au réel : la vie qui ne demande qu'à s'exprimer. »

Alors que faire ?

D'abord comprendre ce fouillis, en exposer tous les vices ! S'approprier la célèbre formule de Socrate : « Connais-toi toi-même ! » et en faire un mantra. Socrate aurait peut-être pu ajouter, à notre époque : « Il ne s'agit pas de déambuler, admiratif, dans les diverses couches de ton ego ou d'écouter, émerveillé, toutes les histoires que tu te racontes au sujet de ce qui fait de toi un être remarquable, mais plutôt d'entrer dans ta capacité d'être présent ! De reconnaître, derrière tes peurs ou ton hostilité, le besoin qu'a ton ego de se protéger et de s'immortaliser. »

Et se redire aussi : *Bienvenue parmi les humains !* Y revenir régulièrement, vraiment ! Pour écouter attentivement ce langage de la vie plutôt que celui des contenus que nous avons encoffrés dans nos mémoires et auxquels nous associons sans cesse notre petit « moi ».

Mais, surtout, se répéter : *Bienvenue dans la présence* ; la présence à la vie sous toutes ses formes ! Au bourdonnement de l'abeille, à la marche de la fourmi, au goût du miel. À la sève, la sueur ou la rosée. Au vent de la tempête ou au gémissement de l'amante. Bienvenue dans cet instant où tout est disponible, autant le parfum de la pluie que celui du soleil ; autant le cri d'excitation de l'enfant que le souffle hésitant du vieillard ; autant les multiples teintes du bourgeon que celles de la fleur en pleine séduction.

Bienvenue parmi les humains !...

Bienvenue dans le besoin d'être écouté car il permet de s'arrêter pour entendre les cris venus du passé, les hurlements résonnant encore sur les parois de nos ventres... depuis l'intérieur, et de se demander s'il s'agit d'un *besoin véritable* ou, plutôt, de la *peur de n'être rien* lorsque nos mots n'accrochent pas l'attention de l'autre. Surtout cet autre dont on cherche absolument l'oreille – le père, la mère ou n'importe quel *autre* jugé digne de donner à notre parole une certaine valeur.

« *Bienvenue aussi dans la peur de n'être rien* car elle renferme l'opportunité d'apprendre que notre valeur ne réside pas dans le fait d'être écouté mais dans le silence, là où l'on peut tout entendre : le chant de la grive, celui de Bach ou même celui du silence... »

“ Bienvenue alors dans la parole juste : celle qu'on a pesée avant de la prononcer, en se demandant s'il était à ce point nécessaire de la faire entendre. ”

La Truite et le Clochard

« La possibilité de donner un sens profond à sa vie permet de supporter bien des choses, peut-être tout... L'absence de sens profond empêche de donner toute plénitude à son existence et équivaut en quelque sorte à une maladie... Ce n'est que si nous pouvons nous servir de notre liberté pour créer quelque chose de significatif qu'il est pertinent que nous soyons libres. C'est pourquoi la découverte du sens profond de la vie est plus importante pour l'individu que n'importe quoi d'autre... »

CARL JUNG

IL TITUBAIT. La nuit glaciale se faisait de plus en plus présente autour de ses pas désorientés. Elle l'emmitouflait. Les policiers venaient de le rendre à la rue après lui avoir fait recoudre les plaies du visage et des mains. La pluie froide rougissait les croûtes de sang séché qui s'accrochaient encore aux points de suture. La vigueur de ses dix-sept ans ne le soutenait plus. Son grand corps amaigri s'enroulait à nouveau dans le puissant vertige qu'il tirait des alcools bon marché. Son rire maladroit chassait les grimaces d'aversion dont il ponctuait ses chutes molles sur le pavé boueux.

Il ne reconnaissait pas le quartier qui l'entourait. Tout lui paraissait infiniment riche et luxueux. Ses yeux, que le froid embuait de larmes, cherchaient vainement un point de repère dans l'opulence du décor qui ondulait par grandes boucles de fenêtres éblouissantes et de cheminées lumineuses. Le vertige submergeait sa carcasse mouillée. Sa mémoire engourdie ne parvenait pas à retrouver une seule ombre familière dans les milliers de petits dessins qui remuaient narquoisement sur le sol. Il flottait au milieu d'un carrousel de reflets inconnus et de formes étrangères. Constatant sa déroute, l'adolescent, désabusé, fit affectueusement rouler sa bouteille dans le creux de ses mains tremblotantes. Il regarda fixement le liquide incolore et but à grandes gorgées. Il désirait une fois de plus s'installer dans l'intimité du désordre dont il avait meublé son intérieur. L'alcool rapprocha sa jeune conscience du fouillis dont il chérissait tant la présence. Une faim tenace empêcha cependant la liqueur frelatée d'éparpiller ce qui restait de lucidité dans sa tête d'enfant-clochard. Son estomac se remplissait de crampes depuis plus de trois jours et gargouillait avec férocité son besoin d'attention.

Le jeune itinérant lorgna du côté d'une poubelle qui semblait lui faire de l'œil. Il était fin connaisseur en matière de poubelles, il en avait minutieusement fouillé plusieurs milliers au cours des sept dernières années. « J'y cherche mon âme », disait-il d'un air assuré aux passants qui affichaient une mine écœurée ou méprisante. Il s'approcha, non sans peine, du contenant qui trônait sur le trottoir. Jamais il n'avait vu émaner pareil éclat d'une simple poubelle. Entre deux vacillements, il s'extasia devant la lumière argentée dégagée par la surface de métal, puis caressa le rebord de l'ouverture comme le font certaines séductrices qui s'apprêtent à boire leur coupe de champagne. Il laissa finalement tomber sa tête dans les entrailles du récipient. L'obscurité s'y faisait étouffante. Il fut saisi d'une violente nausée. Des paroles résonnaient comme au fond d'une vaste vallée : « Ta saleté n'est pas digne de nos ventres, jeune homme ; les ordures dans ton genre n'ont pas leur place en nos corps raffinés. Va chercher ta pitance ailleurs ! »

Quelques lampées d'alcool succédèrent à cette charge brutale. L'adolescent tentait d'éteindre la flamme qui lui léchait les sens mais ne faisait que l'attiser davantage. Ses restes de lucidité venaient d'en prendre un coup. Il tituba de plus belle. Une poubelle l'avait rejeté, et sa chair était empreinte d'une fatigue immense. Quelque chose d'important venait de céder au plus profond de son désordre. « Il ne me reste plus rien », marmonna-t-il avec un sanglot rauque. Il croyait s'être lié d'amitié avec toutes les poubelles qui jonchaient les trottoirs de la ville. Il s'était battu pour y plonger le corps et les mains sans que son propre orgueil l'arrête et le condamne. Cette lutte avait exigé de lui des énergies formidables. Ce soir, les forces lui manquaient ; une poubelle venait de le repousser. Une autre lampée d'alcool le fit s'écrouler. La pluie traversait complètement les maigres tissus qui lui recouvraient la peau. « Il ne me reste plus rien », se dit-il en pleurant.

Relevant péniblement ses ossements pâteux, il se mit en quête d'espaces plus familiers. Sa démarche anarchique ne lui servait qu'à maintenir un équilibre de funambule engourdi. Le décor se montrait de plus en plus snob et menaçant. Des lampadaires semblaient craindre qu'il ne les touche et se dérobaient sous ses mains maladroites. La lumière qu'ils lui jetaient à la figure projetait à ses pieds des ombres qui insultaient sa jeunesse. Les larmes aidant, ses yeux d'adolescent reprochaient à cet éclairage de le juger sans le connaître vraiment. C'était peine perdue, tous les lampadaires tournoyaient sur eux-mêmes et peignaient sur le sol une symphonie d'injures. Les édifices entrèrent dans la danse. Ils s'appuyaient les uns contre les autres et fermaient les ruelles où ses pas cherchaient à s'engager. « Tu n'es pas d'ici », pouvait-il lire sur les néons immenses qui ornaient leur façade, « va promener ta carcasse ailleurs ». Il essayait de courir mais ses pas embarrassés ne conduisaient nulle part. Il fuyait sur place. Le pavé s'anima de vagues immenses. Un raz-de-marée d'asphalte se dirigea vers lui. « Il ne me reste plus rien », cria-t-il.

Il se sentit soulevé très haut comme s'il eût été une poussière chassée d'un tapis par une puissante secousse. Il plana quelques instants au-dessus de l'architecture, qui applaudissait son expulsion. Dans sa chute, il entendit sa bouteille se fracasser et sentit le peu de liquide qu'elle contenait se répandre dans son pantalon. Les quelques débris de lucidité qu'il possédait encore s'effondrèrent complètement.

Lorsqu'il ouvrit les yeux, il vit, à deux centimètres de son nez, nager une magnifique truite arc-en-ciel. Elle le regardait sans se déplacer, battant paisiblement des nageoires, de l'opercule et des mâchoires. Son beau corps répandait un calme immense dans le modeste cours d'eau qui courait au fond du caniveau. Le jeune homme avait l'impression qu'elle souriait. Il tenta de bouger mais une fatigue colossale alourdissait ses membres. Son corps reposait à plat ventre sur le bord du trottoir et sa face trempait dans les eaux recueillies par la rigole. La truite fixait sur lui un regard hypnotique. Une bulle sortit de sa grande bouche de poisson et monta élégamment à la surface de l'eau. Sans éclater, elle quitta le faible courant pour s'envoler jusqu'à la hauteur des yeux de l'adolescent. Elle s'y stabilisa, gonfla, puis explosa pour laisser scintiller dans l'air gelé des lettres constituées d'écailles multicolores qui bougeaient comme des aurores boréales. « Enfin, te voilà près de moi ! » put difficilement lire l'enfant-clochard à travers les gouttes de pluie qui lui rafraîchissaient la peau du visage. La truite fit ondoyer sa nageoire caudale comme pour exprimer sa joie d'avoir été lue. D'autres bulles jaillirent de sa bouche et s'élevèrent vers le regard ahuri du jeune vagabond. Elles explosèrent en phrases multicolores. Chaque mot s'illuminait des teintes qu'arboraient les flancs du superbe poisson. « J'attends ce moment depuis si longtemps, tu me vois tellement heureuse de te trouver à hauteur accessible. »

L'adolescent songea qu'il n'avait jamais vécu d'ivresse aussi profonde. « Tu ne délires pas », laissa briller une bulle aux transparences bleutées. « Tu es tout à fait lucide », ajouta-t-elle dans un dernier fragment de luminosité.

« Elle lit dans mes pensées », s'inquiéta l'itinérant, confus...

« Ne crains rien, éclata une grosse bulle sécurisante. Je ne lis pas dans tes pensées », transmit-elle dans plusieurs petits globules rosés qui s'étalèrent en faisceaux rassurants.

« Comment peux-tu voir ce qui me traverse l'esprit ? murmura le jeune homme, ahuri.

— Je regarde simplement le mouvement de tes lèvres. Je sais que les êtres humains le font pour comprendre ceux de leur espèce qui sont sourds et muets. Nous, les poissons, avons depuis longtemps perfectionné cet humble mode de communication. Mais je ne m'arrête pas là. Comme il m'est précieux d'en savoir davantage, j'observe attentivement le battement de tes paupières, le déplacement de tes yeux et la chute de tes mâchoires. Lorsque je veux ressentir ce que tu éprouves, je m'intéresse à tes joues qui se creusent, à ton front qui se plisse et à tes fossettes qui s'étirent dans la pâleur de ta peau. »

La tête de l'adolescent semblait couronnée d'un essaim de bulles qui tour à tour répandaient joyeusement leurs lettres d'écailles mouchetées.

« Comment t'appelles-tu ? put-il voir s'inscrire en lettres orangées sur le dos voûté d'un petit courant d'air.

— On m'appelle Sans-Abri, risqua-t-il timidement.

— Enchantée, Sans-Abri », vit-il apparaître en traînées lumineuses derrière une toute petite bulle dorée. Il lui sembla qu'un doux frisson venait de lui parcourir la surface du cœur. Tous ses membres ramollirent et sa tête s'allégea. Il ne rêvait pas ; la truite avait le sourire fendu jusqu'aux branchies. Il esquissa lui-même un sourire, et ses yeux n'en finirent plus de s'agrandir devant l'éclat des mots qui marquaient la nuit.

« J'aimerais que tu me parles un peu de toi, laissèrent alors tomber de minuscules ballons phosphorescents, je t'observe depuis bien des lunes et je souhaite devenir ton amie.

— Depuis bien des lunes ? laissa échapper le jeune homme d'une voix bouleversée...

— Oui, d'innombrables lunes, fut-il étonné de lire en lettres fignolées dans un style d'inspiration gothique. Je connais bien des choses à ton sujet car j'ai lu avec attention sur les lèvres de tous ceux qui t'ont rencontré... J'ai remarqué que les êtres humains aimaient parler les uns des autres. Je sais que tu as appris à lire et à écrire au contact d'hommes et de femmes qui, plus vieux que toi, ont choisi l'asphalte et le béton. Je sais que la vieille Marie-Ange t'a légué son art et sa science des poubelles, de la guenille et de la vie avant qu'une vilaine pneumonie ne l'emporte à jamais dans la poussière qu'elle vénérait. Je sais également que tu voles un peu partout des livres couverts d'images et de lettres dorées et que tu les entasses au cimetière de la Paix, dans de vieux cercueils auxquels plus personne ne rend visite. Je sais toutes ces choses et bien d'autres encore, mais rien de cela ne pourra remplacer ce que tu peux me dire de toi... Parle-moi ! »

Sans-Abri éprouva soudainement une grande légèreté, comme si les bulles de la truite avaient envahi sa tête, son thorax et sa gorge. Il sentit monter en lui des mots dont il ne se savait pas porteur. Il fut étonné de s'entendre articuler : « Je parcours l'ivresse comme d'autres explorent les grottes obscures ou les fonds marins. Ma bouteille me sert de boussole et de carte depuis l'âge de dix ans. On m'a donné la rue et j'en ai fait mon continent, ou, plus humblement, mon jardin. Lorsque je perds le nord, je retrouve ma place dans le monde.

— Tu confirmes ce qui nage dans ma tête de poisson », laissa scintiller une sphère jaune et verte qui venait de se briser dans une danse ensorcelante.

L'adolescent n'avait pas vu l'éclatement sensuel de cette dernière bulle. Il poursuivait son discours, comme emporté par un mouvement qu'il n'était plus capable d'arrêter. Il avait, pour la première fois de sa vie, l'étrange impression que quelqu'un l'écoutait (même si, en réalité, ce quelqu'un lisait tranquillement sur ses lèvres...).

« Rien de cela ne me suffit cependant, car je cherche mon âme et ne la trouve nulle part. »

Il s'arrêta quelques instants pour mêler à la pluie quelques larmes tièdes qui tombèrent tendrement sur le corps du poisson. Ce dernier frétilla de reconnaissance.

« Lorsque je suis devenu propriétaire de l'empire des ruelles, il n'y avait plus que la chaleur des poubelles pour m'accueillir. J'ai très tôt appris à me nourrir des délices que celles-ci m'offraient et des cadeaux qu'elles conservaient précieusement pour moi dans leurs panses généreuses. Je m'en suis fait des compagnes et des nourrices. Je me répétais tous les matins, en passant mon museau de l'une à l'autre, que j'y trouverais sûrement quelque sens à ma vie. Tout ce passé, tous ces restes, toute cette expérience concentrés dans de si petits contenants... Impossible, croyais-je, de ne pas y découvrir de grande vérité...

« Je viens cependant d'apprendre que certaines d'entre elles sont racistes. Elles disent refuser les déchets dans mon genre. Tout leur quartier m'a rejeté ; les lampadaires, les édifices et même la rue m'ont éjecté. Je suis complètement épuisé, j'ai perdu le goût de l'âme, le goût de mon âme...

— Des poubelles racistes... », laissa échapper par une fente imperceptible une bulle aux reflets de songe d'enfant. Suivirent trois petits points violets qui longtemps restèrent en suspension. D'autres sphères s'élevèrent, toutes aussi chargées de messages colorés les unes que les autres. « J'ai souvent nagé dans le quartier d'où tu arrives ; tout n'y est que fatigue, épuisement, colère et dépression. Il m'a fallu remuer bien des vagues pour comprendre, mais je sais maintenant ce qui explique cette sécheresse et cette désolation. Je vais t'offrir le secret de ma précieuse découverte, mais j'aimerais d'abord te dire, avec ton consentement, ce que je fais dans ce filet d'eau ; ondulant de la chair entre le trottoir et la rue. »

L'enfant-clochard acquiesça sans hésitation.

La truite se mit alors à souffler de longs jets de bulles ; chaque mouvement de ses mâchoires en projetait des centaines, des milliers... Certaines d'entre elles montaient directement dans les narines du jeune homme et crevaient affectueusement sur la muqueuse de son nez. Un délicieux chatouillement le faisait sourire. D'autres lui caressaient la peau des joues, se glissant du menton jusqu'à la racine des cheveux. Quelques-unes s'arrêtaient sur ses paupières surprises et tournaient sur elles-mêmes jusqu'à ce que les poussières de rides disparaissent au coin de ses yeux. Toutes explosaient dans une harmonie de forêts automnales... Des phrases lumineuses dansaient devant lui : « Je vais au grand bal des créatures aquatiques. Depuis quelques millions d'années, d'innombrables poissons, crustacés et mammifères marins s'y rassemblent dans le plus grand des secrets. Requins, saumons et barbues se retrouvent au milieu des dauphins, bélugas et baleines bleues. Esturgeons, sardines et perchaudes côtoient crevettes, homards et crabes. Nous nous rencontrons dans les mers du Nord, sous le silence des banquises. Le rendez-vous a lieu une fois toutes les vingt grandes marées. Nous passons l'hiver ensemble, protégés par l'épaisseur des glaces et la violence des tempêtes...

« Autrefois, notre voyage n'était destiné qu'à la célébration du monde marin. Nous dansions l'hymne aux nageoires jusqu'au printemps. Les eaux s'emplissaient de certitude et de sécurité ; pas de filets, pas d'hameçons, pas de leurres, seulement la vérité, la franchise et l'authenticité. Entre poissons, nous pouvions nous permettre d'être authentiques car nous savions que nos frères, sœurs et amis n'avaient aucun intérêt à nous faire avaler fou-taises, mensonges, balivernes ou tromperies. Nous trempions dans la transparence. »

Saisi par une crampe qui lui traversa vivement l'abdomen, l'adolescent comprit qu'il aurait aimé être de la fête. La truite perçut sa détresse et tenta de regagner son attention à l'aide de grandes lettres d'écailles nacrées qui intensifièrent l'illumi-nation nocturne : « Nous attendions cet événement dans la joie et la sérénité jusqu'au jour où les cauchemars firent érup-tion. Aujourd'hui, nous n'arrivons plus à reconnaître les êtres aimés lorsqu'arrivent les retrouvailles. Nos mines se sont trans-formées, défaites, affaissées ; on les dirait mutilées ! Plusieurs adultes dans la force de l'âge ont les nageoires effrangées, les écailles perforées, les yeux blanchis. Parmi les plus jeunes, on en découvre qui ont trois têtes ou une demi-branchie. Certains doivent se débrouiller sans nageoire caudale et ne peuvent avancer qu'avec le support d'une algue insérée dans la chair. À la dernière rencontre, de grandes baleines m'ont bouleversé les arêtes. Elles disaient avoir vu leurs mamelles s'obstruer progressivement, et le lait qui en sortait devenir d'un gris qui tendait peu à peu vers le noir. Elles m'ont même encouragée, en pleurant, à observer leurs petits s'épuiser dans d'inutiles tétées. "Seul un vibrant appel qui ferait se contracter simultanément tous les ventres de femelles portant tétons pourrait les sauver", gémissaient-elles désespérément, et, depuis ce temps, j'entends chaque nuit de longs cris déchirants traverser les eaux du monde.

« Un bel esturgeon répète à chacun de nos rendez-vous qu'il croyait pouvoir vivre soixante-dix à quatre vingts ans comme l'ont fait son père et ses oncles. De fête en fête, son discours s'assombrit. Lors de sa dernière allocution, il révéla qu'à cinquante ans il éprouvait des douleurs viscérales qu'aucun de ses ancêtres n'avait ressenties. Il balbutia qu'il voyait désormais s'accroître sa faiblesse de saison en saison et affirma avec un pénible battement de nageoires amères qu'il n'en avait plus que pour un an ou deux. »

Sans-Abri s'apprêtait à caresser la truite lorsqu'un violent giclement de bulles rouges l'en empêcha. « Il ne faut pas me toucher, tracèrent celles-ci d'une écriture fine et nerveuse, je suis devenue si fragile que le plus délicat des effleurements pourrait me perforer la chair de part en part. J'apprécie ta tendresse et ton empathie. Sois assuré qu'une place privilégiée les attend déjà au fond de mon être... Je dois cependant poursuivre mon récit sans que tu me caresses. » D'un hochement de tête, l'adolescent fit savoir au poisson qu'il avait compris. La truite remua ses mâchoires à plusieurs reprises et le caniveau fut agité par des sphères très pâles qui jaillissaient en grande quantité : « Notre rencontre est maintenant source d'angoisse et de frustrations. Il ne s'agit plus d'un bal, mais d'une sombre conférence au cours de laquelle nous cherchons à comprendre ce qui nous métamorphose et nous tue. Nous y venons de moins en moins nombreux. Nous savons que les routes à parcourir sont mortelles. Les eaux que nous traversons s'étirent comme de la gomme et nous collent aux ouïes. Nous ne les franchissons qu'au prix d'efforts extrêmes, et plusieurs d'entre nous n'y arrivent plus. Certains se tournent sur le dos et se laissent flotter comme de funestes monuments. D'autres échouent sur le sable huileux des berges ou sur la boue résineuse des rivages. Voilà pourquoi nous explorons présentement des voies nouvelles. Nous passons à travers cités et villages en empruntant rigoles et caniveaux. Nous attendons qu'il pleuve et fasse nuit, jamais nous ne voyageons en ville par temps de lune ou de ciel étoilé. Nous chérissons les orages et les brumes opaques. Bien que douloureuses et corrosives, les eaux de pluie portent en elles plus d'oxygène que la glu des fleuves ou la poix des marais. À l'aube, nous rejoignons rivières et ruisseaux qui, dans l'écoulement du jour, nous mènent vers d'autres lieux fumants dessinés de la main des hommes et des femmes. J'arpente ainsi métropoles et capitales depuis que poudres et pâtes malodorantes inondent nos lits et brisent nos grèves. Voilà pourquoi tu me vois barboter dans ce malingre ruisselet. »

Sans-Abri reconstruisait fragment par fragment les fondations de sa lucidité. La pluie glacée douchait abondamment sa tête boursouflée et lavait les taches de nausée qui teignaient encore son regard. Il vit des larmes ambrées rouler dans les yeux de la truite et sentit ses propres paupières s'emplir à ras bord.

Le poisson fit monter un chapelet de perles roses qui une à une affichèrent : « La croisière dans les rigoles m'a permis de te découvrir. Ta solitude est descendue jusqu'au fond du caniveau, où par la plus noire des nuits le désir de te connaître a vu le jour. »

Sans-Abri découvrait une sensation qu'il n'avait jamais éprouvée ; une forme singulière d'humidité intérieure lui tapissait chaleureusement le ventre, les épaules et le bas du dos. La tendresse échauffée transpirait en lui. La truite fit se gonfler une bulle prodigieuse qui n'éclata pas. La sphère ombiliquée demeura longuement reliée à la bouche du poisson. L'adolescent pouvait voir papillonner les lettres lumineuses à travers la fine membrane qui frémissait sous la pluie. Il se rappela un instant la Gitane humaniste qui, dans sa boule de cristal, regardait se jouer des avenirs porteurs d'effervescence pour le plat quotidien des badauds. La truite poursuivait son exhalation. Les lettres, en se rassemblant, illuminèrent l'intérieur de la bulle qui, d'un seul trait, éclaira la moitié de la rue. Sans-Abri déchiffra : « Le rassemblement débute dans quelques lunes. J'appréhende les atrocités qui défileront sous mes yeux.

J'imagine un gala de l'horreur, une fête de la misère à l'image de certains défilés de mode qu'on voit par les fenêtres des grands hôtels de cette ville.

« Je crains la turbidité de l'atmosphère, l'opacité de l'ambiance. Je vois déjà flotter ignominies, médisances, calomnies et insanités de la pire espèce. L'apparition des monstruosités a modifié nos comportements. Nos intérieurs se déforment et prennent l'allure des infirmités qui frappent nos corps. Nos êtres reproduisent les paysages poisseux que nous côtoyons. Nos cœurs ressemblent aux bouillies putréfiées dans lesquelles nos branchies s'empêtrent et se figent. Nos âmes sécrètent la malformation. Nous n'avons plus d'espace en nous pour les autres. Nous avons commencé à nous mentir, nous tromper, nous exploiter. Nous cultivons la négligence et vénérons l'artifice. Nous ne prenons plus le temps de bondir dans les cascades ou de nager dans les rares lacs qui respirent encore le calme. Nous luttons pour survivre en nous battant les uns contre les autres. Jamais nous n'avions vu un seul saumon se vanter de posséder la plus belle fosse de la rivière. Jamais les homards n'avaient refusé de serrer la pince des crabes. Jamais les poissons ne s'étaient engueulés comme s'ils étaient pourris. Nous adoptons la conduite du quartier qui ne t'a pas reçu. Nous distillons la fatigue et l'épuisement. Nous vivons désormais le drame des poubelles racistes. »

Sans-Abri avait eu l'heur de ne rencontrer aucun être humain habitant le méprisant quartier. Sa curiosité pétillait. Perspicace, la truite expira des bouffées de consonnes et de voyelles moroses qui maintinrent la bulle allumée. Le jeune homme put lire : « Pendant des nuits entières, j'ai observé les traits et gestes des citoyens qui logent dans cette ville. Ils transportent le dépit sur leur face, leurs épaules et leur dos. Je sais maintenant que nous sommes de la même fatigue. J'ai pu, entre deux eaux, partager cette constatation avec des créatures qui les ont connus de près, des bêtes qui revenaient de loin. C'est par milliers qu'elles m'ont raconté d'un seul mouvement de lèvres, la tragédie qui les avait renversées, retournées, défaites. Les rescapées de la fiente, ainsi que je les appelle, s'expliquent toujours mal les attitudes et comportements des furieux enfants qui les ont massacrées. Dans l'espoir, semble-t-il, d'attirer l'attention de leurs parents absents, les petits humains ont, d'un commun accord, décidé d'évacuer le contenu de tous les bocaux et aquariums du quartier. Le carnage fut complet. Poissons rouges, tropicaux et vidangeurs furent tous jetés vivants dans l'exiguïté des lavabos, baignoires ou cabinets de toilettes. Heureusement, la crue des eaux fut telle qu'elle permit à la majorité d'entre eux de nous rejoindre dans le caniveau. Plusieurs y ont quand même laissé leurs écailles, mais ces malheureux martyrs ne sont pas morts en vain. Nous avons institué en leur souvenir une journée commémorative au cours de laquelle tous les poissons de la planète partagent de nobles pensées pour tous les spécimens de notre espèce qui se font régulièrement manipuler, avoir ou berner. Ce jour férié pendant lequel nous demeurons tous immobiles des heures durant a été baptisé le “Massacre du 1er avril”. »

Sans-Abri trouva fort curieux que ce fût là le jour choisi par les humains pour se jouer de vilains tours et se ridiculiser entre eux.

La truite poursuivit son éclairage : « Avant ces pénibles événements, les poissons avaient eu le loisir d'observer sans contrainte les femmes et les hommes qui les nourrissaient. Ils purent me confirmer mes impressions ; nous portions les mêmes blessures. Les humains n'ont plus de temps ni pour la solitude ni pour le partage. Ils ne se parlent plus. La fatigue se lève avec eux le matin et se couche avec eux le soir. Plus personne n'est au service de personne. Ils perdent le sens de leur vie sans s'en rendre compte ou le transforment en masques caoutchouteux qui les protègent contre les odeurs qu'ils créent.

« Ils prennent la couleur et la forme de leurs déchets et se demandent ce qui les exténue. Ils s'isolent parce qu'ils sont épuisés, puis s'épuisent parce qu'ils sont isolés. Comme toi, ils n'ont plus le goût de leur âme... »

Un éclair aveugla momentanément Sans-Abri. La bulle, devenue grosse comme une citrouille, venait de se répandre en une giclée d'étincelles.

Revenu de son éblouissement, le jeune homme s'exclama : « Je vois ! Nous devenons sournoisement ce que nous avons créé... En ignorant la vie, nous avons méprisé nos vies. La nature se venge par l'épuisement. Elle est fatiguée, lasse de mener contre la bêtise des batailles inutiles. Puisque avec elle nous ne faisons qu'un, son épuisement devient inévitablement le nôtre. Nos cœurs déversent dans nos poitrines des eaux de marécage et d'égout, des coulées de sang usé malaxant leurs rebuts d'indifférence et d'ennui. Comme les lacs que nous avons transformés en étendues de morve, nos sensibilités croupissent dans l'inertie et l'abattement.

« En nous privant de ses entrailles, la nature nous prive de nos propres viscères ; en nous privant de son âme, nous nous privons irrémédiablement de la nôtre... »

Sans-Abri poussa un long soupir de lassitude et reprit : « Mais pourquoi ternir à ce point celle qui les nourrit ? Comment ne pas réaliser qu'en la tuant les humains perdent accès à ce qu'ils sont ? »

La truite bégaya quelques bulles incolores : « Ils ont d'autres priorités, ils veulent devenir riches et puissants. Je crois qu'ils pensent ainsi faire peur à la mort, la fourvoyer, la tromper, lui mentir... Je l'ai vu dans les visages qui te foudroyaient, sur les lèvres chuchotant ta condamnation. Tu représentes ce qui les exaspère, tu résumes ce qu'ils ont détruit... C'est pour cette raison que leurs poubelles te rejettent et que leurs lampadaires t'insultent. Les humains se mirent dans ta pauvreté. Tu leur rappelles leur fragilité, leur vulnérabilité, leur fatigue, le temps qu'ils ne consacrent plus à donner un sens à leur vie... Ta différence mobilise l'angoisse qui les paralyse. Ce n'est pas toi qu'ils bannissent, c'est ce que tu signifies ! »

Le jeune itinérant ressentit à nouveau l'écoulement de l'humidité intérieure. La truite allongea une autre bulle : « Ils espèrent inconsciemment, je l'ai appris des poissons rouges en exil, qu'ils auront moins mal de mourir en épuisant la vie qu'en la créant. »

Sans-Abri, songeur, réalisa qu'il n'était pas difficile de se mentir entre individus de sa propre espèce, lorsqu'on avait pris goût à mentir à la mort. Il demanda : « Que puis-je faire ? »

La truite n'hésita pas un seul instant et sema de petits grains éclairants qui répandirent à la surface de l'eau les phrases suivantes : « La rivière qui traverse ta ville a besoin de toi et de tous ceux qui peuvent lui venir en aide. Elle peut encore être sauvée. C'est en elle que tu trouveras ton âme. »

L'adolescent, interloqué, supplia : « Mais que faut-il que je fasse ? » D'un subtil mouvement de branchies, la truite projeta : « En la débarrassant des immondices et des saletés qui la jonchent, tu découvriras ce que tu cherches... »

Sans-Abri voulut se relever précipitamment lorsqu'un ballon maculé de transparences retint son attention. La truite, ondoyant avec sérénité, paraissait sûre d'elle-même. Le ballon se fragmenta à d'innombrables reprises jusqu'à devenir une gerbe d'incandescentes têtes d'épingle qui écrivirent : « Du calme, rien ne sert de te hâter. Trouve d'abord d'autres chercheurs d'âme et demande-leur de t'accompagner. Leur présence est indispensable à ta quête. Je serai à la rivière dans deux jours, lorsque les premiers reflets argentés de la nuit effleureront sa surface. » Percevant un sourcillement sur le front de Sans-Abri, elle ajouta quelques bulles : « Ne t'inquiète pas, il y reste suffisamment d'oxygène pour que je puisse survivre. » L'adolescent parut rassuré. La truite continua : « Je t'indiquerai, un peu en dehors des limites de la ville, un endroit où tu découvriras des herbes dont tu pourras te nourrir. Il te sera également possible de t'abreuver à des sources très pures dont je te montrerai l'origine. Je t'attendrai sous le pont du Dernier-Soupir, là où le cours d'eau borde l'entrée du cimetière de la Paix. Au revoir. »

Comme une flèche, la truite fila le long de la rue et se perdit dans l'obscurité d'un rond-point. Dans les heures qui suivirent, Sans-Abri rencontra d'autres clochards et leur raconta son aventure. Plusieurs s'esclaffèrent : « Des bulles de mots sortis d'une truite qui nageait dans le caniveau... Dis-nous ce que tu avais bu, Sans-Abri, nous aimerions bien y goûter... » Ils se tapaient les cuisses. Mais au crépuscule du deuxième jour certains le suivirent, moqueurs, avec le but inavoué de pouvoir se gausser davantage. La pluie se mit à tomber dru et un brouillard musclé s'empara de l'atmosphère.

À leur arrivée près du pont, ils furent entourés d'un mélange de brume et d'obscurité. À peine pouvaient-ils se distinguer les uns les autres. Quelques blagues tranchèrent le silence : « Hé ! Sans-Abri, si ta truite veut qu'on la voie, il faudra qu'elle mette des bougies allumées au milieu de ses bulles. » Les rires fusèrent : « Crois-tu qu'elle s'exprime dans plus d'une langue ? » Le jeune homme ignora les sarcasmes. Il s'approcha doucement du rivage et vit immédiatement que la truite ne l'avait pas berné. Près d'elle, trois saumons gigantesques flottaient patiemment dans les vapeurs de l'onde. Les clochards se turent instantanément. Un silence religieux entourait chacun de leurs mouvements émerveillés. Sans-Abri leur fit signe de s'asseoir et ils obtempérèrent avec grâce. La truite fit gonfler une douzaine de bulles imposantes qui s'élevèrent au son des murmures de l'étrange assistance. Les sphères étincelantes pivotaient dans la nuit comme les feux d'un phare. Leur rupture grava dans le brouillard : « Bravo Sans-Abri, je suis fort heureuse de te revoir. Je souhaite la bienvenue à tous tes amis. »

Pendant que les itinérants échangeaient de chaleureux sourires, les mots d'écailles poursuivaient leur illumination : « Il ne vous reste plus qu'à commencer le travail. En longeant la rivière, vous trébucherez dans les détritus qui l'enlaidissent et la défigurent. Vous ne trouverez vos âmes qu'en lui redonnant la beauté qui saura vous émouvoir. Les herbes et les sources promises reposent plus en amont, près d'un chêne à douze troncs. Bonne chance. »

Sans-Abri voulut retenir sa nouvelle amie, mais les sillons laissés sur l'eau par son passage s'aplanissaient déjà. Les saumons l'avaient suivie.

À l'aube, les clochards constatèrent l'état pitoyable des eaux dans lesquelles venaient de séjourner les mystérieuses créatures. Ils s'attelèrent à la tâche. Des jours durant, leurs doigts virent défiler des bouteilles, de vieilles chaussures et d'inimaginables quantités d'objets dont ils n'arrivaient pas à deviner l'usage. Des enfants les avaient rejoints. Parmi eux se trouvaient les auteurs repentis du désormais célèbre Massacre du 1er avril. Quelques-uns apportèrent sur les lieux des poubelles de leur quartier. Lorsque Sans-Abri en vit le flamboiement, il sentit grimper en lui la crainte de leur présence. Mais quelle ne fut pas sa surprise de voir les contenants gober les déchets qu'il leur offrait. Des enfants lui adressèrent des clins d'œil complices.

Au cours des semaines qui suivirent, Sans-Abri vit arriver des retraités grisâtres attirés par l'agitation sereine qui imprégnait les lieux. S'amenèrent plus tard des hommes et des femmes d'affaires séduits par l'étrange regard de tranquillité que les pêcheurs de déchets jetaient aux curieux venus les observer. Le bruit courait qu'un vent miraculeux soufflait sur les berges de la rivière. On chuchotait qu'une brise fraîche et odoriférante – phénomène inexplicable en cet endroit – balayait la fatigue de ceux et celles qui rejoignaient les rangs des cueilleurs d'ordures. Plusieurs avaient vu leur poitrine s'imbiber de repos dès les premiers efforts accomplis. La simple accolade dont Sans-Abri gratifiait les nouvelles recrues suffisait pour qu'une sensation de quiétude se glisse dans leurs membres. Les mains découvraient, en se nouant les unes avec les autres, l'anéantissement de leur fatigue.

Heure après heure, le paysage se transformait. Le visage de la rivière sortait de son masque putride. Ses traits s'animaient de l'éclat qu'ont les joues des jeunes gens qui viennent de recevoir leur première déclaration d'amour. La vie préparait sa renaissance. Sans-Abri n'en voyait rien. Il devenait de plus en plus taciturne et soucieux. Il n'avait toujours pas trouvé son âme et demeurait l'un des seuls à sentir l'épuisement lui garrotter le cœur. Les autres clochards éprouvaient un pénétrant bien-être et l'attribuaient aux herbes savoureuses qu'ils dévoraient quotidiennement ou à ces eaux de source qui étanchaient leur soif. Sans-Abri savait qu'ils se trompaient. Au plus profond de lui-même, il sentait se mouvoir une explication d'un autre ordre mais n'arrivait pas à la saisir clairement. Derrière chaque déchet repêché, il espérait découvrir l'indice qui lui permettrait de comprendre le message que la truite lui avait laissé. Il fouillait chaque morceau de rivière où trempaient ses mains, mais les eaux demeuraient muettes. Arriva finalement le jour où le cours d'eau fut propre. Une poignée de vieillards et d'enfants venait de recueillir les dernières souillures visibles sur ses galets. Au grand désarroi de ceux qui l'entouraient, Sans-Abri manifestait des signes de découragement. On eût dit que le vide occupait les orbites réservées à ses yeux. Il ne marchait plus que la tête baissée. Il s'apprêtait à quitter les lieux lorsqu'il entendit se succéder plusieurs soupirs d'émerveillement. En l'espace de quelques instants, les têtes se tournèrent toutes dans la même direction. Le soleil étendait ses derniers rayons sur les eaux revivifiées. Le spectacle s'avérait grandiose. La rivière se donnait totalement ; elle livrait ses beautés les plus intimes, elle faisait cadeau de son âme... Tous s'assirent bouche bée. Le silence devint absolu. Les larmes rafraîchissaient la peau des paupières paralysées par l'extase. Les mains avaient besoin de se toucher et les corps de se rapprocher. La chaleur humaine se mariait avec la splendeur de la nature. Sans-Abri rayonnait. Alors qu'il prenait tendrement deux gamins dans ses bras, il comprit que ce qu'il cherchait résidait dans ce qu'il venait d'accomplir et dans ce qu'il était devenu. Il réalisa que sa fatigue avait complètement disparu, qu'elle s'était effacée dans le sens qu'il donnait maintenant à sa vie. En lui, son âme retrouvait enfin la place qui lui était dévolue. Il savait que d'autres rivières et d'autres truites l'attendaient quelque part. Il prit soudainement conscience qu'il n'avait pas touché à une seule goutte d'alcool depuis plus de trois mois. Il salua du regard un clochard qui pleurait au même rythme que lui. Les battements des cœurs ressemblaient à des applaudissements. Alors que l'obscurité commençait à s'installer et que tous et chacun se faisaient les adieux les plus affectueux, un grand cri scinda brusquement les accolades : « Regardez ! » De petites mains d'enfant pointaient à nouveau vers la rivière. Une bulle monumentale flottait à la surface de l'eau. Après s'être lentement déplacée au-dessus des têtes éblouies, elle explosa dans un fracas de lumière pastel qui laissa valser derrière elle les couleurs de l'arc-en-ciel. L'air était définitivement tatoué. Le vent s'emplissait de lettres sonores qui murmuraient mélodieusement : « MERCI ! »

*

CLÉ N° 3

Notre tortue cogne à la porte de l'éleveur de perroquets. Elle doit frapper plusieurs fois. Pas de réponse... Elle avait pourtant pris rendez-vous. Son cerveau reptilien émet des hypothèses (il doit faire de grands efforts car cela ne fait pas partie des fonctions d'un cerveau reptilien), il en arrive à deux :

— soit le thérapeute n'est pas là ;

— soit il n'a pas entendu.

La tortue frappe à nouveau, éprouve un malaise ; elle aimerait bien qu'on lui ouvre rapidement, ne pas avoir à insister, c'est fatigant à la fin ! Le cerveau reptilien est comme ça, il s'énerve, cela fait partie de ses fonctions. Il arrive à émettre deux autres hypothèses :

— soit le thérapeute est un peu dur de la feuille ;

— soit il souffre d'un déficit d'attention.

On est en pleine ébullition du cerveau reptilien, il se propose des réponses à lui-même : « Voilà qui expliquerait l'intérêt du thérapeute pour les perroquets : ne jamais avoir à demander de répéter... Ne jamais avoir à expliquer sa distraction, sa confusion, sa facilité à visiter la lune... Ne jamais avoir à entendre : "Ne m'oblige surtout pas à répéter !" » La tortue apprécie ses hypothèses, elle se trouve intelligente : elle estime avoir fait un pas thérapeutique avant même d'être entrée dans le cabinet. Elle ne sait pas encore que c'est un faux pas.

Elle frappe à nouveau, toujours pas de réponse. Elle tape de la nageoire dans la poussière. Un rythme affolant pour elle : un coup par minute ! Elle s'énerve... Et une tortue énervée, ce n'est pas joli à voir : la mâchoire claque de temps à autre. Elle secoue maintenant la poussière deux fois par minute ; l'irritation atteint des sommets !

Elle lève enfin la tête et aperçoit une affiche : « Énigme : la porte ne s'ouvrira que si vous trouvez du plaisir à attendre. Autrement, vous pouvez aller voir ailleurs si j'y suis... Et si vous cherchez encore la solution à cette énigme, elle est dans la porte, pas derrière. »

La tortue s'énerve davantage. Elle est presque furieuse. Sa nageoire est sur le point de taper trois coups par minute, ce qui voudrait dire que la rage est proche.

Elle s'en veut d'être lente à comprendre ; comment arrivera-t-elle à trouver du plaisir dans l'attente ? Son cerveau reptilien cherche d'autres hypothèses. Cette fois, il n'en trouve pas. Il n'est pas fait pour cela.

« La réponse est dans la porte, pas derrière... » La tortue répète cette phrase comme un perroquet au cas où le spécialiste entendrait, de l'autre côté, et apprécierait. Et, pendant qu'elle répète, elle ne regarde pas la porte. Elle ne la voit même plus tellement son cerveau reptilien fulmine ; il est fait pour cela !

Elle désire très fort voir le thérapeute, non pas pour qu'il l'aide à s'apaiser, mais pour lui foutre une baffe. Le cerveau reptilien sait faire cela !

Et si elle enfonçait la porte ?... Elle essaie une première fois. Elle recule d'un pas, deux pas... prend son élan... puis se projette en avant. On entend « toc » plutôt que « bang ». Rien ne bouge. L'élan n'a pas suffi.

Elle recule davantage. Elle en veut à tous ceux qui posent des énigmes. Ils ne comprennent rien aux cerveaux reptiliens. Tous des imbéciles ! Les cerveaux reptiliens savent dire cela !

Et qui est ce spécialiste fantôme, à la fin ? Cet infâme poseur de devinettes ? Ce poltron narcissique ? Elle le juge tout en se jugeant elle-même, elle a cessé de se trouver intelligente ; son premier pas thérapeutique a déjà foutu le camp !

Elle s'éloigne encore de la porte. Elle en veut aux portes d'être sur sa route. Elle voudrait les enfoncer toutes. Les portes sont des imbéciles ! Surtout celles qui empêchent d'avoir accès aux thérapeutes. Le cerveau reptilien perd la tête, c'est ce qu'il sait faire de mieux.

La tortue s'arrête. S'apprête à prendre un nouvel élan. C'est alors qu'elle remarque le grain du bois dont la porte est faite. De l'olivier. Elle en a vu, jadis, en Tunisie. Elle a envie de se rapprocher. Cette fois, elle avance doucement. La porte est blonde, beige, rose ; difficile à dire tellement les nuances semblent tisser de la lumière. Des lignes couleur café serpentent dans la matière. Quelque chose vit, à l'instant même, dans cette harmonie. La tortue le ressent. Devant tant de beauté, le cerveau reptilien ne sait plus quoi dire. En fait, il ne dit rien. Il s'est tu.

La tortue est arrivée à quelques centimètres de la porte. Elle tend la nageoire pour en apprécier la texture. Alors qu'elle est sur le point de caresser le bois, la porte s'ouvre...

La tortue sourit. Elle sait qu'elle vient de faire un véritable pas thérapeutique. À peine commence-t-elle à s'en réjouir qu'une voix tonne dans l'ombre : « Je vous attendais, vous en avez mis du temps ! »

*

Clés pour les cerveaux gauches

Bien sûr, nous sommes ici dans une caricature du cerveau reptilien ! Il s'agit d'un conte, pas d'un traité de neuroanatomie ! Mais cette métaphore illustre les réactions très primitives qui s'emparent de tout notre organisme lorsque l'ego se sent menacé. Il suffit d'une pensée – une seule ! – qui traverse l'esprit comme une étoile filante pour que la biologie soit bouleversée. Le cerveau a été conditionné pendant des millions d'années à *tourner l'attention* vers ce qui pouvait représenter une *menace* : un mouvement dans les feuilles, un parfum nouveau, un bruit étrange... il le fallait pour assurer la survie. La chute d'un fruit et, instantanément, il sortait l'armada ! Aujourd'hui, il suffit qu'une porte soit fermée (alors que le cerveau reptilien considère qu'elle devrait être ouverte !) pour que les sirènes lancent un appel à la mobilisation des muscles et des mâchoires. Tout ce qui est perçu comme un *rejet* sonne l'arrivée de la cavalerie hormonale. Un rire moqueur, un regard absent, un mot disqualifiant ; autant de données qui sont enregistrées et analysées sur-le-champ, comme si la prédation était imminente. Elles peuvent être ensuite revues pendant des heures, des semaines, voire des années, alimentant un perpétuel branle-bas neuroendocrinien – même les portes deviennent des imbéciles ! Le cerveau entretient ainsi un inconfort appelé *dépression* ou *mépris*. De là l'importance de devenir « éveillé » et de le demeurer. Cela signifie : accueillir la réaction – puisqu'elle est inévitable –, puis apprendre à l'observer afin de ne pas laisser s'installer dans la mémoire ce qui l'a déclenchée. Interrompre le mouvement des images et des mots dans la tête – le rire moqueur, le regard absent, le mot disqualifiant – en ramenant l'attention dans le territoire de l'intelligence. Il suffit d'un raisonnement aussi simple que : « Ah là là ! tout mon corps est en mode attaque ou fuite parce qu'on s'est moqué de mon idée, de mon écharpe ou de ma coiffure ; qu'est-ce que c'est que cette folie !... » Revenir à la conscience plutôt que de laisser l'attention s'empêtrer dans les filets d'une réaction primitive inappropriée ; au bout du compte, il ne s'agit que d'une image ou d'une fausse identité. Dans la métaphore qui précède, notre tortue découvre qu'il est possible d'apprendre à déjouer cette mécanique ancestrale pour se brancher sur ce qui est inattaquable : la faculté de s'émerveiller. Quant à Sans-Abri, il accède à la possibilité de se reconnecter à sa faculté de créer.

L'adolescent vit le rejet (les poubelles racistes). Il estime ne plus être digne d'intérêt. Parfois, au cours de nos vies, le rejet n'est pas réel ; nous interprétons une phrase ou une moue comme l'expression d'un dénigrement ou d'une discrimination. Après vérification, nous constatons que ces « signes » ne nous concernaient même pas. Cependant, comme pour Sans-Abri, il peut nous arriver d'être véritablement rejeté, l'ego de certains humains ne supportant pas la menace que notre présence incarne : devoir partager l'attention (perçue ou réelle) qui jusque-là leur était exclusivement dévolue, une intrusion dans leur territoire « sécuritaire », un renvoi sombre de leur propre image. L'ego n'aime pas ce qui pourrait le priver d'attention, lui faire perdre ses privilèges ou altérer l'image qu'il a de lui-même. Il s'inquiète des compétiteurs (ceux qui envahissent « son » territoire), comme à l'époque des massues ; ceux-ci doivent être éliminés (on se croirait dans un jeu vidéo !). Dès qu'un « plus quelque chose » apparaît (plus fort, plus beau, plus intelligent, plus aimé, plus riche ou même plus pauvre), le vieux système de surveillance se met en branle et amène les neurones à discréditer, diminuer ou salir ce « plus quelque chose ».

Sans-Abri est aux prises avec un profond sentiment de vide ; on ne veut plus de lui nulle part, il dérange et, par sa seule présence, active les systèmes d'alarme biologiques chez ceux qui l'entourent ; sa vie n'a plus de sens à ses yeux :

« Un individu qui ne parvient pas à trouver un sens à ses actions et à ses relations, ou à sa vie, se trouve alors dans une condition d'ennui et d'impuissance que Viktor Frankl appelle "frustration existentielle" ou "vacuité existentielle". [...] Des voies de compensation sont par ailleurs possibles, telles que l'alcoolisme, la toxicomanie, la déviance sociale, ou par des fuites en avant comme la boulotmanie *(workmania)*, le jeu *(gamblingmania)*, les racontars *(gossipmania)*, etc. Si cet état perdure, il peut se transformer en affection nerveuse. [...] Cette affection est caractérisée principalement par la perte d'intérêt, le manque d'initiative et le sentiment de vacuité qui est souvent exprimé comme l'absence d'un but dans la vie et la perte de sens[1]. »

Il suffit, parfois, d'un espace de dialogue avec un être bienveillant, d'une rencontre dans « l'intelligence » aimante, pour que l'attention se reconnecte à la créativité et retrouve la possibilité de donner un sens : *bienvenue parmi les humains !...*

Se répéter cette phrase comme autrefois une prière...

Bienvenue dans l'impression d'être nul en toutes circonstances et en toutes choses, car elle invite à chercher de l'aide sans tomber dans l'idée ridicule qu'il s'agit d'un aveu ou d'une confirmation de sa nullité. (Il faudrait écrire un livre intitulé *La Nullité pour*

1. Estelle M. Morin, 1996.

les nuls afin de démontrer que ce n'est qu'un concept inventé par des hommes ; sans doute pour démontrer leur supériorité à des femmes ou à d'autres hommes).

Bienvenue dans la conviction de n'être pas beau ou pas belle, d'être une « tache grise sur un mur gris » (citation empruntée à une vieille amie), pour découvrir que la beauté véritable loge dans la faculté d'en apprécier les expressions, de la voir là où elle se manifeste vraiment : le poids de la libellule ou du papillon, la danse des limaces lorsqu'elles s'accouplent ou le glissement de la pluie sur la peau du fruit. Pour découvrir aussi qu'il n'est pas nécessaire d'avoir les pectoraux de Tarzan ou les seins de Jane pour s'émerveiller devant un tableau de Rembrandt ou de Modigliani.

Alors, *bienvenue aussi dans l'ennui et le sentiment de vide* afin d'y découvrir notre capacité à redonner un sens à ce qui semble ne pas en avoir, ou à accueillir le fait que, parfois, le seul qu'on puisse trouver réside dans les manigances de l'ego !... Nous devons sans cesse faire face à ses combines, lui, prêt à humilier, dénigrer, exclure, dominer, manipuler pour sauver sa « peau de chagrin ». (L'expression « peau de chagrin » – titre d'un roman de Balzac[1] – est entrée dans le langage commun pour désigner tout ce qui se réduit à l'usage...).

Et ce n'est que dans le moment présent que se trouvent des pistes d'action s'ouvrant sur le sens. Ne vous inquiétez pas, vous n'y perdrez pas votre ego ! Il ne s'envolera pas lorsque vous placerez votre attention dans ce précieux moment, il ne fera que s'apaiser... Il demeurera tapi derrière votre émerveillement, prêt à s'emparer

1. *La Peau de chagrin* est un roman d'Honoré de Balzac, faisant partie de « La Comédie humaine », publié en 1831 (source : Wikipédia).

de votre attention à la première occasion, c'est-à-dire la seconde suivante !

Alors, *bienvenue parmi les humains,* car on peut y entendre la voix de Christian Bobin : « L'arbre est devant la fenêtre du salon. Je l'interroge chaque matin : "Quoi de neuf aujourd'hui ?" La réponse vient sans tarder, donnée par des centaines de feuilles : "Tout !" »

“Et ce n'est que dans le moment présent que se trouvent des pistes d'actions s'ouvrant sur le sens.”

Onésime et Laska

« Une identité doit être établie avant d'être transcendée. On doit se trouver avant de pouvoir se perdre... »

SCOTT PECK[1]

AUTREFOIS, IL L'ADMIRAIT. Ses yeux ne s'en dépeuplaient jamais. À peine l'avait-il aperçue qu'il retenait ses paupières. Lorsqu'elle posait le sabot hors de l'écurie, il arrêtait sa faim, sa soif et son sang. Il concentrait tout son corps de mâle dans les replis de sa vue stupéfaite. La contemplation voyait le jour dans son regard. Il cessait d'être autre chose...

Dans les tremblements de cette femelle indomptée, il appréciait les jeux de la terre qui se perpétue. Il goûtait les frémissements sauvages, savourait les spasmes farouches, s'imprégnait de chacun de ses frissons d'inapprivoisable jument. La crinière blonde aux transparences ensoleillées le secouait dans son tréfonds d'animal solitaire et soumis. Il prisait, dans l'élégance des mouvements indociles, la liberté qu'il cherchait en lui-même. Il

1. *Le Chemin le moins fréquenté : apprendre à vivre avec la vie* (J'ai lu, 1990).

reconnaissait, dans le galop rebelle, la grâce qui ne le caractériserait jamais.

Il ne l'enviait pas, ne se chagrinait pas d'être différent. Il n'éprouvait nulle jalousie ou désir d'être à son image, il admirait simplement l'essence de la nature condensée dans ses flancs vigoureux et sa gueule racée. Il savait apprécier cette incarnation de la vie sans vouloir la posséder. Il pouvait l'estimer sans tenir à lui ressembler, l'imiter ou la parfaire. Il se réjouissait de pouvoir observer ce qu'il n'était pas. À se gorger d'elle, il constatait que l'émerveillement pouvait naître des dissemblances, s'en nourrir, y puiser force et intensité. Il découvrait le pouvoir de la différence et y prenait plaisir. La contemplation des mystères de l'autre l'éveillait aux beautés de ses propres secrets. Son admiration pour Laska l'amenait mille fois plus près de lui-même. Les trépignements de cette femelle rétive le conduisaient tout droit dans ses silences et ses peurs de mâle. Il en jouissait. Il portait dans l'œil une douce assurance, une lueur convaincue, la certitude d'un changement de tracé dans sa noble course de percheron. Il savait que la jument forcerait l'évidence, qu'elle le contraindrait à naître davantage. Ne restait plus qu'à la rejoindre pour se rencontrer soi-même !

Le sort fit basculer les choses... Onésime découvrit les ralentissements de son être. Il n'avait pas prévu l'indifférence, et Laska n'en dételait jamais. Les gambades de la jument ne concernaient qu'elle-même. Le percheron croisait dans l'épaisseur de sa poitrine une impuissance qu'il n'avait jamais connue. Lui le costaud, lui le géant, lui que rien n'arrêtait ; voilà qu'il n'avançait plus du cœur. Il luttait soudainement dans la fragilité, s'écorchait dans son inaptitude à toucher l'autre. Sa force lui paraissait inutile, ses muscles, insupportables. Il devenait trop lourd du dedans.

Son admiration prenait des airs d'inquisition. Il portait attention à tous les regards que Laska décochait ; il les surveillait dans l'espoir d'en saisir un pour son pelage en prières. Il recréait la femelle, lui inventait de l'intérêt, de la curiosité et des yeux qu'elle n'avait jamais eus. Il essayait de tirer le rêve vers la réalité. Toute sa robustesse, tout son courage s'y attelaient. Il se battait contre l'absence et tentait de s'extraire du cœur les gestes qui défricheraient la sauvage attention de celle qu'il vénérait. La jument ne voyait et n'entendait rien. Les efforts d'Onésime croupissaient, emmurés dans la fermeté de sa chair. L'espace à franchir entre la contemplation et la rencontre s'agrandissait chaque jour davantage. Le rapprochement s'effectuait uniquement dans la souplesse du songe. Le percheron ne parvenait pas à se traverser lui-même, il demeurait tapi derrière son désir de la connaître. Il trébuchait dans l'impression d'être sans intérêt, s'enlisait peu à peu dans la conviction qu'il ne méritait pas d'être aimé ! Il s'acharnait en vain à multiplier les exploits virils, butant contre l'illusion de soulever l'admiration de Laska avec de grands bouleversements de terre. Il se déchirait l'être dans la résistance du sol, obsédé par la certitude que les manifestations de sa force suffiraient à conduire la jument jusqu'à lui. Il ne rencontrait que le vide ; celui qui grossissait dans son ventre ! Les charges qu'il tirait s'alourdissaient de son silence ; il avait muselé les hennissements de son cœur !

S'installa dans la puissance de ses fibres une fatigue inconnue, une lassitude qui bridait toute sa musculature de travailleur acharné. Souches, traîneaux, charrettes... rien ne lui rappelait pareil anéantissement de ses forces. Les champs qui fumaient derrière lui n'avaient en nul temps logé dans sa chair plus grande sensation d'abattement. Il éprouvait le sentiment de fouler les ruines d'une terre qu'il n'avait pas encore retournée.

Au contact des pierres coupantes, de la glaise asséchée, des mottes durcies, il avait appris à déguster l'épuisement des muscles bien utilisés, les courbatures d'une charpente satisfaite de l'œuvre accomplie. Sa nouvelle fatigue lui semblait s'exhumer d'une autre forme de sol, sortir morte-vivante d'un terrain qu'il ne connaissait pas ; il ne s'était jamais labouré l'intérieur !

L'épuisement s'accentua le jour où une jeune femme aussi blonde que Laska promena ses mains fragiles dans la crinière de la jument. Pour la première fois, Onésime voyait la femelle récalcitrante se laisser toucher, caresser... La frêle adolescente était là où il aurait voulu être, près de celle qui l'appelait à devenir lui-même. Ses dernières ardeurs honnissaient la complicité qui germait sous ses yeux décontenancés. Il constatait amèrement que Laska communiait ! Dans le rituel qui prenait vie, il sentait la disparition des mémoires et la lente ouverture du cœur. Il se retrouvait malgré lui témoin d'un bonheur naissant. Au milieu du pré voisin, la tendresse apparaissait, l'amour se composait ! Les bouches étaient chargées d'étoiles et les sourires s'ouvraient comme des firmaments ; deux univers entraient l'un dans l'autre. Trempé de fièvre et d'hébétude, Onésime observait le mystérieux tissage de la passion ; il le scrutait sans répit. Il pouvait occuper, en s'y enfermant, le moindre espace où la relation s'installait. Il pesait chaque instant du silence qui unissait la sauvagerie à l'ingénuité. Il mesurait, dans le mariage des regards, la solidité du rapport qui se fabriquait à même la grâce. Il consacrait ses résidus d'énergie à tenter de comprendre ce que cette délicate étrangère, cet être d'une espèce à ce point éloignée de la sienne, pouvait avoir ou faire pour harnacher l'intérêt de Laska. Il négligeait déjà le pouvoir de la différence. Il s'apitoyait sur ce qu'il appelait cavalièrement « l'inconscience de la jument ». Il avait perdu tout rapport avec lui-même. Il ne s'écoutait plus, ne s'entendait plus, ne portait plus attention à sa propre existence. Il avait pris la forme d'un besoin. Il était devenu tout entier son besoin de l'autre ! Il s'affaissait devant la liaison qui ne le regardait pas, s'effondrait à la vue des gestes neufs qui ne lui faisaient pas de place. L'amitié prenait possession d'un paysage qui se construisait sans lui ou malgré lui. Il sombrait dans la douleur de ceux qui s'accusent de n'avoir rien fait pour y vivre.

La jeune femme venait parfois lui tapoter la joue, mais le fier cheval ne recevait plus rien. La douceur des autres s'arrêtait brusquement dans son cuir.

Il piétinait la tendresse et l'attention, ruait dans l'image enlaidie qu'il se forgeait de lui-même. Il s'épuisait à se condamner, s'esquintait à ne plus croire en lui. Il traînait ses ressources dans la bataille qu'il livrait à sa propre valeur.

Ses propriétaires ahuris le virent redoubler d'efforts à chaque tâche nouvelle. Ils crurent à la maladie et s'obligèrent à le ralentir. Ils essayèrent même le repos forcé et le clouèrent quelques jours à l'écurie. Les piaffements revendicateurs du percheron les forcèrent à l'utiliser de nouveau. Ils durent l'atteler plus fréquemment et lui confier de plus pénibles travaux. Le cheval voulait sortir de ses ombres, il avait décidé d'oublier – de s'oublier.

Laska semblait plus lointaine que jamais. Elle évoluait dans une dimension qui n'admettait qu'un seul être. Cette situation, au grand désarroi d'Onésime, isolait la jument du reste des vivants. Montée par l'adolescente, elle courait dans la lenteur que possèdent ceux qui s'apprivoisent. Sa beauté s'accroissait dans celle de la jeune femme et vice versa. Unies par le centre, les nouvelles amies modelaient les reliefs du premier centaure femelle. La chaleur d'être deux les soudait. La jument dansait au rythme saccadé des claquements de langue de sa compagne et composait des figures dignes des grands chevaux de cirque. Curieusement, elle semblait avoir cultivé l'obéissance, phénomène qui exaspérait Onésime au point de le faire se plonger davantage dans le refuge de l'isolement. Il refusait de la voir cesser d'être ce qu'elle était à ses yeux !

Laska se fondait dans les désirs et la volonté de sa cavalière. Elle n'avait plus envie d'elle-même tellement se faisait grand le plaisir de disparaître dans l'autre. Elle se laissait remplir à s'en dissoudre. La plénitude, à l'œuvre dans ses flancs, prenait source dans la présence qui guidait ses pas et ses pensées. Chaque geste qu'elle posait se voulait un témoignage de gratitude devant l'intérêt et l'affection que lui manifestait la jeune femme. Elle appréciait le massage du bassin délicat sur ses vertèbres en croissance et savourait la fermeté des jambes qui lui conduisaient le corps. La gueule serrée entre les rênes, elle jouissait des pressions du mors dont l'action lui retirait la responsabilité de décider. Une sensation de paix désamorçait sa volonté. Elle savait désormais ce que serait toute sa vie ! À cette seule pensée, ses sabots s'allégeaient, ses jambes flottaient et la terre prenait consistance de mousse et de vent !

Onésime avait scellé son regard. Il fermait l'entrée à toute image qui pouvait lui rappeler ses rêves. Il avait choisi l'éreintement et s'y confinait. La fatigue s'emparait peu à peu de sa mémoire et de sa volonté. Elle adhérait à sa pensée comme les moisissures se fixent aux fruits trop mûrs. Le puissant percheron ne contactait même plus sa souffrance ; il sillonnait le sentiment d'avoir à mourir seul dans son inaptitude à se dire !

Octobre venu, la jeune femme quitta la région. Onésime mit quelques jours à constater les transformations que subissait Laska. Trop occupé à rassembler ses propres morceaux, il ne vit pas tout de suite le démembrement de la jument. Elle ne se tenait plus. Le départ de l'adolescente semblait l'avoir privée de son ossature. Elle ne courait plus ; elle rampait ! Elle ne s'allongeait plus sur le sol ; elle s'y répandait ! La tête entre les jambes, elle ne marchait qu'écrasée ; ses sabots raclaient les pierres à chaque pas. Laska ressemblait à la soumission. En elle, plus rien ne résistait ; son dos recevait toutes les chairs qu'on lui présentait, tous les poids, toutes les formes. Elle ployait tranquillement sous les corps humains ; devenait leurs commandements ! Ses jambes raccourcissaient, sa colonne s'incurvait. Elle s'animait essentiellement sur demande. Elle promenait des adultes immenses qui l'éperonnaient sans l'émouvoir. Elle baladait des adolescents qui la cravachaient sans l'aviver. Des hommes la couvraient de douzaines d'enfants dont le rire n'emplissait point le vide creusé par l'intimité perdue. Onésime comprit qu'elle avait basculé dans la même fatigue que lui, dans le même refus. Il percevait qu'elle galopait intérieurement dans une question qui n'admettrait jamais de réponse. Il la sentait se crever la panse à se prouver qu'elle valait la peine. Il l'entendait nuit et jour hennir entre ses dents que jamais la jeune femme ne retrouverait plus fidèle amie.

Il discernait également la rumination du contraire, l'obsession d'avoir commis la faute fatale, d'avoir effectué le saut trop tôt ou trop tard, de ne s'être pas élevée à la bonne hauteur, d'avoir fait tomber les barrières qu'il fallait à tout prix maintenir en place. Il saisissait le remords d'avoir trotté un peu vite ou paradé un peu lentement. À palper la jument du regard et du cœur, il reconnaissait la tourmente de l'être qui se maltraite et se bafoue. En observant l'extinction progressive des sursauts de confiance en soi, la disparition des secousses d'amour-propre qui pointaient comme d'ultimes réflexes, il retraçait les voies qu'il avait suivies dans sa propre mutilation.

À voir Laska se faire mal, il comprenait le supplice qu'il s'était lui-même infligé. Devant le travail effectué par la douleur, il mesurait l'ampleur des dommages que peuvent causer les croyances erronées ou les perceptions inexactes. Pour la première fois de son existence, il remarquait le lien qui nouait les idées en apparence les plus inoffensives aux émotions les plus éprouvantes. Il prenait conscience de l'aptitude qu'ont les bêtes intelligentes à se détruire au jeu des fausses impressions. Une évidence prenait forme : croire Laska indispensable à son bien-être suffisait à le précipiter dans la souffrance. « Nul être ne m'est absolument nécessaire, songea-t-il. Il n'y a pas lieu de laisser disparaître mes énergies dans la conviction de n'être rien sans l'autre. » Il secoua prestement la tête à plusieurs reprises comme pour désapprouver d'avoir en sa raison de telles pensées. Sa crinière voletait dans tous les sens – les chevaux posent fréquemment ce geste pour balayer de leur esprit les images de révolte ou d'insurrection ; Onésime poursuivit longuement ce manège. Il semblait fort embarrassé de se voir habité par ces réflexions.

Un calme bienfaisant prit cependant place en ses veines et s'amplifia dans la poursuite de sa méditation : « J'ai cru ma valeur tributaire de l'intérêt que Laska pouvait me témoigner. Sans son attention, je pensais perdre prise ; sans une ouverture de sa part, je n'avais plus de prix à mes propres yeux. » Le percheron sentit le roulement de larmes chaudes sur le tapis de sa joue. Soudainement, sa réflexion fit mal : « Ces pensées tranchent comme la charrue et brisent comme la herse, mais la semence ne les suit pas toujours dans les sols bouleversés... » Il posa tendrement son regard sur le marais de chair qu'était devenue Laska. Un violent tressaillement lui secoua le corps. Le grand cheval comprit alors que quelque chose en lui venait de se désharnacher... À prendre contact avec sa réalité, à toucher la solitude ferrée dans toutes les fibres de son corps, il voyait la véritable Laska pour la première fois ! Il ne l'inventait plus, ne l'emprisonnait plus dans ses attentes. Il ne l'enfermait plus dans son désir de la voir faire de lui ce qu'il savait maintenant être le seul à pouvoir réaliser : devenir lui-même ! Il se libérait en la libérant. Il cessait de se séquestrer le cœur dans le besoin de la séduire, il ne suffoquait plus dans la nécessité intérieure de se faire désirer d'elle. Il sortait du licou des illusions et des chimères ; la réalité devenait le solide attelage de sa liberté !

Il sentait poindre en lui des espaces pour naître, croître et aimer ; de vastes domaines où rencontrer l'autre à partir de sa propre vérité. Il s'appropriait son pouvoir d'être libre en assumant que jamais Laska ne lui forgerait son identité, que jamais elle ne deviendrait l'abolition de sa solitude, que jamais elle ne vivrait sa vie à sa place... S'achevait en son être la lutte pour se faire aimer ; ses œillères tombaient, ses oreilles se redressaient, ses naseaux se dilataient. Les paupières de son âme s'agitaient comme les poumons d'un poulain tout juste sorti du ventre de sa mère. L'effondrement du besoin déclenchait tranquillement la lumineuse réouverture du regard. Onésime laissait sourdre en lui la plus douce et la plus exigeante des possibilités : choisir d'aimer ! D'un puissant hennissement, il célébra l'arrivée du repos dans ses viscères. La terre semblait tout à coup se labourer d'elle-même. Le maître du soc prenait possession de son existence ; la naissance rêvée s'accomplissait !

Au cours des semaines qui suivirent, le percheron retrouva le rythme de travail qui embrassait ses limites. Il put à nouveau ressentir les bienfaits d'une fatigue qui ennoblit. Les tâches effectuées ne tenaient plus lieu de refuge ou d'exutoire mais d'appel quotidien à l'expression de sa faculté de rencontrer la vie et d'en favoriser l'éclosion. Il découvrait la disponibilité d'esprit que procure le contentement de soi. Il pouvait dorénavant porter intérêt au monde qui l'entourait, y pénétrer, le connaître, s'en émerveiller. Il n'opprimait plus ses sens avec d'invraisemblables desseins ; il les mettait simplement au service de l'avoine, de l'orge et du foin.

Les bruissements de la terre se voulaient des hommages au parfum de la sueur dont il imprégnait les cailloux. Le choral de racines et d'épis saluait son rapport avec la vitalité des semences et la ferveur des récoltes. Il ne tirait nul orgueil de ces témoignages ; il les recevait sans affectation comme des indices du développement de sa présence à la vie. La fatigue du soir ne constituait plus le fardeau qui bardait son imagination de réprimandes. Elle accompagnait la satisfaction, devenait le résultat d'une œuvre utile qui mène à la confirmation de sa valeur par soi-même.

Onésime consacrait de plus en plus de temps à l'amitié. Compagnons et compagnes d'écurie lui faisaient des confidences et lui dévoilaient les secrets les plus intimes. Il aimait les retrouver dans l'odeur de la paille et du sel pour éprouver en leur compagnie les délices du partage et de la complicité. La proximité des haleines rendait les silences semblables à la sérénité. Les soirées se déroulaient dans la solidarité qui avait secrètement fortifié tous les chevaux du monde à travers les âges. L'intimité tapissait l'intérieur des bâtiments. On s'y entassait pour recevoir l'unité ou pour la donner.

Le percheron se réjouissait avec ses pairs du prodige accompli par la mémoire de l'espèce ; en effet, le soutien qu'avaient apporté les grands troupeaux sauvages à chacun de leurs membres ne s'était jamais perdu malgré les dispersements provoqués par la domestication ! L'assujettissement n'avait point rompu les liens du sang ! Les rassemblements nocturnes prévenaient encore l'apparition des blessures ou permettaient leur guérison dans le pouvoir de l'attention collective ou le confort d'une chaleur tout animale.

Onésime s'imprégnait du baume dont il s'était privé lorsqu'il meurtrissait son désir dans l'éloignement des siens. Il reniflait maintenant le sens de l'échange et s'emplissait le poitrail de l'intelligence du cœur. Il développa des liens étroits avec un couple de jeunes chevaux d'Espagne, tout à fait ravis de le voir s'allonger régulièrement près d'eux. Au cours d'une assemblée extraordinaire, qualifiée d'urgente par ses organisateurs, les amoureux lui firent part de l'inquiétude qui avait submergé l'écurie pendant son exil volontaire dans ce qu'ils appelaient « les pacages de l'isolement ». « Des nuits entières se sont écoulées dans une angoisse à peine supportable, hennirent-ils sur un ton marquant leur soulagement. Des vapeurs glacées enrobaient nos débats et nos conversations. Nous cherchions d'un même élan, d'une même poussée, la trame des gestes à poser pour adoucir l'abrasion creusée par ta détresse. »

Onésime se montra fort étonné de n'en avoir rien su. Les espagnols expliquèrent : « Le groupe a finalement choisi la voie la plus difficile ; laisser la souffrance effectuer son travail créateur jusqu'aux limites perceptibles de ta tolérance. Nous avons unanimement pris le ferme engagement de n'intervenir qu'à l'apparition des premiers signes de danger pour la survie de ta raison. Il ne fallait pas nuire, dans la mesure du possible, aux fécondations engendrées par la douleur. »

Le percheron comprit qu'on avait affectueusement veillé sur lui tout en accomplissant le plus délicat sacrifice de l'amour : *laisser l'autre se faire mal pour lui permettre de croître*... Il ferma les yeux quelques instants et se délecta du mélange de gratitude et de tendresse qui s'emparait de son affectivité. À travers le cortège d'images bénéfiques qui faisaient manège en son esprit se dessinèrent de plus en plus distinctement les traits alanguis de Laska.

Quelques ombres réapparurent et le laissèrent un instant songeur. Se tournant vers ses nouveaux camarades, il les interrogea de l'œil et des naseaux. Avec un accent bien espagnol, ils hennirent chaleureusement leur empathie : « Tu te demandes sans doute où bronchent nos efforts au sujet de Laska... Sache que nos peurs ont depuis longtemps dépassé nos capacités à faire consensus. Elles sèment de la confusion en notre enceinte et parfois même de l'animosité entre les esprits pourtant les plus proches. Nous croyons la raison de notre amie menacée et n'arrivons plus à nous entendre sur l'attitude qui servirait le mieux le renforcement de sa disposition à se connaître et à interpréter sa réalité. Elle ne semble plus en mesure de supporter le labeur de la souffrance. Sa sensibilité n'apprend plus, elle s'émousse. Sa fatigue paraît plus grande que sa volonté d'inventer la vie – d'inventer sa vie. Ses dernières forces ont disparu dans de stériles tentatives pour établir son identité ; une suite ininterrompue d'efforts pour se faire reconnaître, accepter et apprécier. Elle a récemment concentré ce qui lui restait d'énergie dans une conduite débridée pour recevoir tapotements et autres marques d'affection. Nous avons passivement assisté à la pitoyable démarche du cheval qui tend son dos à la selle pour se faire confirmer qu'il existe. »

Onésime devint attentif. Son regard avait, depuis peu, cessé de s'emplir du drame de Laska. L'attention qu'il lui prêtait parfois constituait une manière d'affermir l'effacement de son besoin d'elle. Il se distanciait mais n'éprouvait nul regret. Il avait convaincu sa conscience de se taire et lui avait même enjoint de se détendre dans la certitude que la jument renaîtrait sans séquelle. Il s'adonnait essentiellement aux joies que lui conférait un total sentiment d'indépendance. Son seul souci lui venait de désagréables sensations glissées dans sa quiétude par des odeurs d'humus. Il se débarrassait de ces déplaisantes distractions en les attribuant, non sans un brin de suffisance, à l'hypersensibilité de son odorat. Il ne les estimait ni importantes ni graves. Ne comptait plus que l'intransigeant appel de son autonomie. Aussi fut-il consterné par la suite du récit. La pathétique histoire tenait autant du cauchemar que de l'absurde. Les chevaux racontaient : « Laska cherchait sans cesse à pressentir les désirs de chaque écuyer ou écuyère qui la montait. Elle s'efforçait de saisir avec raffinement ce que souhaitaient tant les apprentis que les experts. Elle s'appliquait à mettre tout son corps à leur service pour leur procurer satisfaction. Elle tentait même d'ajuster ses flancs à la finesse des cuisses et à la rondeur des mollets pour assurer le confort des plus maigres et des plus gros, des plus légères et des plus lourdes. Elle s'acharnait à deviner le sens caché du langage des genoux et des talons, la signification du discours bizarre que les êtres humains n'adressent qu'aux chevaux ; les "hue", les "dia", les "ho, cocotte !" et autres expressions de cet ordre. Elle fuyait, sous le corps des cavaliers et cavalières, l'idée du rejet ; la perspective d'en arriver ultimement à se rejeter elle-même. Elle aurait osé n'importe quoi, pour inspirer à ceux et à celles qui la choisissaient le goût de la sélectionner encore à leur prochaine visite. Nous l'avons même vue s'agenouiller devant le fouet et la cravache, comme pour les redemander. Sans doute espérait-elle susciter ainsi l'envie qu'on l'adopte sur-le-champ et définitivement ! À se chercher du côté de ces désolants pâturages, elle s'est tout à fait perdue ! La fatigue a terminé son œuvre. Des hommes vêtus de blanc sont venus lui faire des piqûres qui la font se bercer comme un cheval de bois ; elle se balance des heures durant, sur place, aussi absente au présent que le sont les jouets abandonnés. »

Onésime, triste et abattu, demanda nerveusement : « Mais ne vous a-t-il pas été possible d'intervenir ? » D'un air penaud, les espagnols répondirent : « Nous avons bien tenté quelques rapprochements, quelques caresses, mais ces essais n'ont rencontré qu'indifférence et fermeture. Ses beaux traits de femelle ne recelaient qu'une réalité : l'absence ! »

Le percheron reconnaissait les caractères de cette impassibilité ; il se souvenait, oh oui ! il se souvenait de cette indifférence, mais le battement de ses cicatrices lui révélait à quel point le sens de cette pseudo-froideur avait dû se modifier. Ce qui autrefois pouvait constituer de l'orgueil, ou même un peu de timidité, traduisait maintenant l'abdication ; l'emprise de l'isolement sur la volonté. Onésime le savait, oh oui ! il le savait...

Trois grands chevaux beiges, allongés près des espagnols, demandèrent le privilège du hennissement. L'assistance se tourna vers eux. Le trio déclara : « Nous aimerions vous présenter le résultat de délibérations tenues, comme convenu, dans le huis clos du domaine des Picouilles et des Canassons. La proposition de convoquer le Conseil des Anciennes et des Anciens a été retenue. » Murmures et chuchotements approbateurs cavalèrent dans l'assistance.

Onésime resta muet. Il ignorait l'existence de cette structure et doutait déjà de son utilité. Devant les froissements de poils produits dans sa face par la surprise et l'incrédulité, les chevaux précisèrent à son intention : « Trois juments et trois étalons dont nous sommes presque toutes et tous filles et fils, petites-filles et petits-fils, arrière-petites-filles et arrière-petits-fils, accueillent au besoin, depuis près d'un siècle, notre désarroi et nos misères. Ils n'ont connu de la vie que le fait de la donner, de la redonner et de la redonner encore. Dédiés à la reproduction, l'allaitement et l'éveil de nos instincts, ils ont su tirer de l'existence une somme phénoménale de leçons et d'apprentissages. À travers la mise bas et l'initiation à nos aptitudes, ils ont été en mesure de pénétrer des mystères que seul l'amour peut percer. Nous espérons puiser dans leur sagesse l'inspiration qui nous manque, les hennissements ou gestes appropriés pour aider Laska. Si tout se déroule sans accroc, ils seront parmi nous dans sept jours. »

Onésime trouva incompréhensible qu'on ait patienté si longuement et qu'on mît une semaine entière pour rassembler ces bêtes avisées. Les chevaux justifièrent : « Nos conseillers mettent leur vie en péril chaque fois qu'ils acceptent une de nos invitations. N'étant plus fertiles, ils ne sortent guère et sont confinés à des granges désaffectées où des palefreniers blasés passent à la sauvette pour les nourrir et les laver. Ils ont passé l'âge d'être utiles aux humains et ne doivent leur survie qu'à la docilité. De minutieux préparatifs s'avèrent nécessaires pour que leur absence passe inaperçue. »

Onésime pencha la tête en signe d'assentiment puis, perplexe, demanda : « Comment leur faire savoir que nous avons besoin de leur sagesse ? » La réponse arriva comme la chaleur d'un parent ou d'un proche : « Des amis rongeurs les préviendront ; mulots et taupes se relaieront et mettront tout au plus vingt-quatre heures pour les informer de notre demande. »

Le percheron demeurait soucieux. « Et si ces fameux guides refusent ? » lança-t-il avec agressivité. Les chevaux réagirent avec le calme et la compréhension des guérisseurs qui acceptent leur impuissance. « Ils n'ont jamais refusé, hennirent-ils avec assurance. À leur dernier passage dans nos écuries, ils ont juré sur la crinière de leur mère qu'il n'y aurait que la mort pour nous priver de leur présence. »

Onésime s'apaisa. Devant la rareté des issues, il mesurait l'importance de mêler ses doutes à la confiance de ses semblables et reconnaissait l'intérêt de s'ouvrir à la science des Anciennes et des Anciens. Une dernière crainte l'empêchait cependant d'être disponible à l'espoir. Il manifesta son appréhension : que faire pour Laska pendant cette pénible attente ? Les espagnols réagirent : « Nous veillerons sur elle. Nous la garderons loin des hommes et de leurs aiguilles. Nous la dissimulerons dans nos rangs pour qu'ils l'oublient et la préserverons du mal qu'elle pourrait elle-même s'infliger… Nous aimerions que tu nous accompagnes, Onésime, et que tu fasses rempart de ton corps avec les autres percherons du groupe. »

Le géant sentit son corps s'agrandir davantage. Il était prêt ! La terre ameublie respirait paisiblement ; elle venait une dernière fois d'être retournée dans son lit avant d'être bordée par l'hiver. L'ouvrier pouvait se détacher de son harnais, de sa charrue, et les ranger dans son esprit, parmi d'autres objets dont on ne ferait point usage avant le prochain printemps. Il avait à sa disposition l'éclatement de l'automne. Il pouvait errer en compagnie de ses frères et sœurs, leur prendre et leur apporter en un seul mouvement une présence embrasée par le vœu tangible du rétablissement de Laska.

La semaine entière s'écoula dans cette chaleur si particulière au sang chevalin ; l'aptitude innée qu'ont les chevaux à s'octroyer mutuellement les vertus réparatrices de la proximité. Onésime apprenait à se donner. Il ressentait dans le frottement des épaules et des flancs le pouvoir des bêtes unies par le désir d'aider l'une des leurs... On se collait tour à tour contre Laska, en lui offrant du mieux qu'on pouvait l'expression personnelle de sa tendresse et de son affection. Les mouvements du troupeau s'enchaînaient dans un puissant hommage à la loyauté.

Quelques hommes jetèrent parfois sur le groupe des regards chargés d'interrogations, mais les tâches requises par l'arrivée prochaine de l'hiver les gardaient le plus souvent éloignés et indifférents.

Les jours et les nuits se succédèrent dans la tranquillité, sans que le moindre incident vienne brouiller le mélange de détresse et d'intérêt qui, comme une vapeur laiteuse, demeurait suspendu au-dessus des prés.

Onésime était si absorbé par le comportement de Laska qu'il ne la quittait jamais d'un fer. Il se présenta même en retard le soir du conseil. Aux exhortations répétées de ceux qui le pressaient, il avait répondu de ne pas l'attendre : « Je vous suis, hennissait-il, je vous suis... » Il ne se déplaçait même pas d'un frisson. Sa tête immobile paraissait hantée par le spectre qu'était devenue la blonde femelle.

Au scintillement des premières étoiles, une petite jument grise s'approcha de lui. D'un hennissement feutré mais insistant, elle se montra sans équivoque : « On m'a demandé de veiller Laska toute la nuit. Tu dois te rendre à la rencontre, Onésime, on t'y attend ! »

Le percheron hésita, puis, envahi par l'espoir de revoir la vie jaillir de celle qui appelait la mort, il se dirigea vers l'écurie.

À son arrivée, les portes étaient grandes ouvertes. Six chevaux allongés formaient un demi-cercle au milieu de l'allée qui séparait les stalles. La noirceur de leur pelage se mariait parfaitement à l'épaisseur de l'obscurité. Pas la moindre lueur n'éclairait l'intérieur du bâtiment. Le percheron ne distinguait que les yeux : douze émeraudes fulminantes trouaient le noir.

« Avance, Onésime, entendit-il. Il ne manquait plus que toi. » Son sang se figea. L'édifice entier venait d'être empli par le plus beau des cantiques : les Anciennes et les Anciens avaient entonné le psaume de la compassion. Toutes les veines du bois vieilli vibraient comme les cordes d'un luth. « Tu peux t'étendre, cher ami, nous devons te faire part de notre décision. » Les six voix s'exprimaient d'un même souffle, sans qu'on ait la possibilité d'en distinguer les nuances. La profondeur du chant incitait au recueillement le plus pur. Les accents de compréhension qui se liaient d'une phrase à l'autre soulignaient la qualité de l'accueil qu'on réservait au percheron.

Onésime, émerveillé par la présence dans laquelle baignait son corps, avait l'impression d'être petit. Retrouvant quelque peu ses esprits, il s'étonna de ce qu'une décision fût déjà prise et le manifesta par d'énormes froncements de sourcils. Les chevaux clarifièrent la situation : « Les taupes et les mulots nous ont raconté toute l'histoire, Onésime. Notre voyage nous a permis de mûrir la situation. L'essence de ce qui doit être fait nous apparaît parfaitement limpide. Nous croyons qu'une intervention responsable de ta part aurait de fortes chances de réussir. Nous comptons sur toi, Onésime. »

Le percheron, interdit, s'emporta : « Moi, mais pourquoi moi ? »

L'hymne bienveillant poursuivit : « Parce que tu dois encore croître de l'intérieur, Onésime... »

Éberlué, le grand cheval répliqua : « Mais que signifie ce discours ? Ne sommes-nous pas loin du mal de Laska ? En quoi la croissance de mon intérieur peut-elle soulager sa souffrance ? »

La réponse semblait prête : « Tu comprendras seulement si tu achèves ce que tu n'as jamais osé commencer, Onésime : rencontrer Laska... »

Le percheron montrait des signes d'énervement ; il ruait des pattes arrière : « Mais comment rencontrer celle qui depuis si longtemps se montre inaccessible ? Elle n'a laissé quelqu'un pénétrer son monde qu'une seule fois, et l'élue venait de l'espèce qui nous dresse et nous utilise... » Ralentissant son débit, il ajouta, touché par le psaume : « L'espèce qui nous soigne, nous abrite et nous alimente... » Puis, mélancolique : « Depuis le départ de l'étrangère, elle semble avoir à jamais sombré dans l'inabordable... »

Les chevaux tempérèrent leur chant, sans toutefois lui retirer un fragment de la déférence qui le tissait : « Trouve le courage de démuseler les hennissements de ton cœur, Onésime, et tu rejoindras Laska ! »

Le percheron vit ses ombres faire surface à nouveau. Il pleurait comme un poulain. Avec une douceur extrême, les Anciennes et les Anciens maintenaient bien vivante la tendresse qui animait leur cantique. La sensibilité faisait fusionner les six poitrails. Les yeux incandescents consumaient, l'une après l'autre, les ombres qui tournoyaient devant le regard du grand cheval : « Ne te cache pas ta vérité, Onésime, nomme-la ! Le simple fait d'exprimer le ferment de vie que tu portes en toi lui donnera toute sa valeur à tes yeux ! En le portant devant l'autre, tu pourras le reconnaître et l'apprécier. En l'offrant à Laska, tu ébranleras dans ses entrailles les ferments de vie qu'elle y a enfouis... Dans le cri lugubre qu'elle jette pour sa délivrance, la vie ne fait désespérément qu'appeler la vie... Ne l'oublie jamais ! »

Le géant sanglotait. Le psaume construisait son œuvre créatrice et guérisseuse : « Par l'aveu de ton intérêt et de ton désir, tu feras apparaître en toi de vastes espaces. Souvent, nous entendons les blés murmurer dans la brise : “On gagne en levain de liberté ce que l'on supprime en grains d'orgueil ou de peur...” »

Les chevaux firent une pause. Puis, mâchant chaque son avec ferveur, ils enchaînèrent : « Tu as touché à de grandes fatigues, Onésime, celles qui naissent lorsqu'on refoule en soi l'intention la plus véhémente : l'irrépressible intention d'aimer... Expose la tienne à l'éclat du jour, cher ami ! Détache-la des liens forgés par la crainte de la sentir repoussée ! Libère-la ! Donne-lui, en la hennissant, le sang qui la fera vivre... ! »

L'hymne s'était intensifié : « En laissant la vie rencontrer la vie, tu apprendras à l'estimer devant l'impassibilité, à la chérir face à la froideur et à l'affectionner vis-à-vis de l'indifférence. En laissant la vie rencontrer la vie, tu en viendras à l'aimer pour la seule raison qui tienne : tu l'aimeras parce qu'elle sort authentiquement de toi, tu l'aimeras parce qu'elle est toi... »

Le percheron s'apaisa, mais les Anciennes et Anciens n'avaient pas terminé : « Tu n'as pas suffisamment contacté ta souffrance,

Onésime... Tu en as ignoré de gros morceaux, d'épaisses mottes... Le pas vers Laska sera plus facile quand tu n'éviteras plus le chagrin qui sommeille, la tristesse qui suffoque, le mal que tu as moissonné dans la glèbe de ton cœur en t'avortant toi-même de ton désir et de ton intention. »

À travers les crispations de sa mémoire, le géant comprenait, il se déployait du ventre... Déjà sa respiration se faisait plus profonde, et sa peine, moins vive. En palpant ses ombres, il les adoucissait...

La mélodie n'avait de cesse de soigner. Elle éveillait les ressources lénifiantes en stimulant la douleur engourdie. Elle reproposait constamment la croissance : « Tu as déjà beaucoup appris, Onésime, et, sans le vouloir, tu remâcheras perpétuellement les fruits de tes découvertes. Ainsi, pour approcher Laska, tu puiseras aux richesses engendrées par ta lutte pour naître... Elles te réjouiront car la croissance est également porteuse des joies les plus profondes et des exaltations les plus intenses. Tu cueilleras, près de la jument, les bienfaits générés par l'épuisement nourricier ; celui qu'on reçoit comme un privilège...

« Laska t'apparaîtra désormais sous un jour différent ; tu réaliseras qu'en ayant cessé d'en faire l'objet d'une conquête tu as ouvert une brèche à l'expression de ce que tu ressens pour elle. En la faisant moins nécessaire, tu l'as rendue plus accessible ! »

Le silence qui suivit, aussi compréhensif que le cantique, permit au percheron de goûter le savoir des Anciennes et des Anciens, d'apprécier l'intelligence du mûrissement et de la maturité... Le Conseil s'insinua plus intimement encore dans sa conscience :

« Ne sombre pas dans le piège de t'en croire le sauveur ou le héros ! Elle seule peut quitter ce qui la cache à elle-même. Ne répète pas les erreurs humaines, Onésime, les nôtres nous suffisent... Ta passion doit simplement devenir l'amour qui favoriserait la découverte que Laska pourrait faire de ce qu'elle est... Songe à devenir, l'espace d'une croisade, son humble cheval de bataille. »

Le géant ne se vit tout à coup ni grand ni petit, mais essentiellement lui-même. Sa force lui réapparaissait utile, et son énergie, précieuse. Il s'approchait de la femelle sans image à préserver, nu du cœur et de l'intention d'aimer !

Le chant fécond acheva de définir la gratuité : « Les parfums qui te troublent proviennent de la jument, Onésime. Tout être en croissance exhale des effluves d'humus. Tu en as toi-même récemment répandu ; voilà pourquoi la terre bruissait quand ta sueur la touchait ! Tous les tissus de ton corps en produisent présentement d'abondantes quantités. Ne laisse pas la présence de ces odeurs t'inquiéter, elles dérangent seulement ceux et celles qui craignent ce dont elles témoignent... »

Le Conseil s'arrêta net, puis, fermement, clama : « Notre support n'est plus requis maintenant ; nous t'avons révélé tout ce que nous savions, cher ami... À Pégase, Onésime ! »

Les six membres du Conseil fermèrent les yeux simultanément et l'obscurité fut totale ! Le percheron les entendit se lever et quitter un à un l'écurie. Ils marchaient sur des sabots de velours. À leur passage près de ses flancs, il sentit leur haleine amicale lui réchauffer le cuir. Malgré une violente excitation, il s'engourdit dans un profond sommeil. Ses frères, sœurs et amis firent de même.

À l'aube, il quitta seul le vieux bâtiment. Les autres chevaux piaffaient de le suivre, mais nul ne s'avança. Harnaché de gaucherie et de timidité, il se mit à galoper pesamment dans l'herbe bleue du matin. Puis, sortant de sa lourdeur, il osa des gestes mille fois retenus dans le secret de son ventre. À travers une course effrénée, il trépigna son intérêt pour Laska. Il urina plusieurs fois de désir aux quatre coins du champ. Décrivant des cercles de plus en plus restreints, il se rapprocha de la jument. Parvenu à sa hauteur, il se heurta à son bercement inanimé. Rien n'avait changé ; seule la blessure paraissait vivante !

Onésime ne fut nullement ébranlé ; cette fois, l'orgueil n'avait pas recroquevillé la vie, la peur du rejet n'avait pas contracté l'être. Le danger de se perdre s'avérait à jamais écarté. Il se hennissait, en lui-même, qu'il lui fallait flairer le monde tortueux à l'intérieur duquel se balançait Laska. Ses propriétaires s'étant, depuis la veille, absentés pour quelques jours, il pouvait jouir d'une totale liberté de mouvement. Il décida donc, pour rejoindre la jument dans ses derniers retranchements, de trouver le rythme de son bercement et de l'adopter. Il se mit à observer les mouvements pendulaires de la femelle, avec la concentration qu'on attribue habituellement à l'abeille ou à la fourmi. Au milieu du jour, il appuya son flanc gauche contre le flanc droit de Laska et intima à tous les pores de sa peau d'écouter passionnément le cri caché dans le repli des ondulations.

Sa tête frôlant celle de la jument, le percheron cherchait de toute sa vue et de toute son ouïe à établir un lien robuste avec ce qu'il savait être l'envers de l'usure, le contraire de la fin, la presque irréductible faculté de durer et de recommencer, l'aptitude obstinée qu'ont tous les êtres vivants à déchirer sans cesse les fibres de leur linceul. Faisant appel au tréfonds de la vie, il utilisait sans restriction le pouvoir de son instinct ; il se laissait conduire depuis la source, depuis l'origine. Écoutant les pulsions primitives de son âme, il tendit inconditionnellement son corps, aux seules fins d'atteindre et d'attiser les ressources vivaces ensevelies dans le sein flétri de la jument. Il savait que le ferment de vie grouillait bruyamment sous l'exténuante incapacité à faire un deuil ; il l'entendait, il l'écoutait !

Dans ses efforts pour se faire proche, il avait remarqué l'intense odeur d'humus que dégageait la femelle et avait compris, aux riches arômes de ces parfums piquants, que rien, absolument rien, n'était perdu. À la tombée du soir, les deux bêtes oscillaient du même langage...

Par l'engagement qu'il venait de prendre, Onésime déliait en lui l'intention d'aimer. Celle-ci poussait dans la moelle de ses os comme la tige déferle dans l'amande du fruit. Il ne l'ignorait plus, ne la reniait plus. Elle l'amenait à se nouer davantage aux forces en attente dans la panse de Laska. Il maintint le bercement des heures durant. Il n'en démordait pas d'un poil. À découvrir ainsi le monde fermé de la jument, il reconnaissait le refuge qu'il avait failli visiter, celui qu'il avait vu du seuil. Sans éprouver sa morsure, il pouvait regarder le froid qui embuait l'âme. À travers la désolation, il devinait des clôtures immenses protégeant une sensibilité meurtrie, des fossés très larges empêchant toute attention de pénétrer et de faire mal ! En se berçant par amour, il réexplorait l'isolement ; en se berçant par amour, il se donnait les moyens de le briser.

Au milieu de la nuit, plus que jamais décidé à se faire confiance, il hennit : « À t'abolir devant l'autre ou à te faire disparaître, tu ne gardes plus une seule partie de ton être disponible pour la véritable rencontre de cet autre... Je le sais, je l'ai appris de toi ! »

Laska ne broncha pas, le percheron non plus ! Onésime n'attendait plus rien, de toute façon. Il se satisfaisait maintenant d'être là, vrai, total, un, solidement appuyé sur soi-même ; il savait en son sang qu'il n'existait pas d'autre manière de donner !

Le démusèlement du cœur se poursuivit : « Autrefois, je t'admirais. Mes yeux ne se dépeuplaient jamais de toi ! J'usais tous mes rêves à te rencontrer et à te connaître. Mon silence et mes sueurs contenaient chacun de tes frémissements. J'évaporais ma solitude en t'accueillant dans le songe ; j'essayais d'en effacer toute empreinte en te nantissant d'un intérêt pour moi. Puis, confronté à ton indifférence, j'ai basculé. »

Le géant s'interrompit. Il venait d'être surpris par les plus beaux cris de l'automne ; d'immenses vols de sarcelles et d'oies sauvages tournoyaient gracieusement dans la nuit. Émerveillé, il s'ébroua. Laska fit immédiatement la même chose. Stupéfait, Onésime se tourna vivement vers la jument. Il ne fut pas étonné de constater qu'elle se berçait toujours dans la même inertie. Il s'ébroua de nouveau. Sans interrompre son balancement, la femelle l'imita. Le grand cheval sentit avec satisfaction qu'il effleurait le ferment de vie. Il continua : « Je me suis alors battu jusqu'au tarissement. J'arpentais aveuglément les fatigues qui essouchent et drainent jusqu'à la désertification ; celles qu'engendre la lutte qu'on mène avec soi-même. J'affrontais, pour la première fois depuis ma naissance, le vide qui me définissait. Je n'étais vivant qu'à travers mon harnais, mes sangles et mon licou. J'existais par, et pour, ce qu'on me demandait de tirer, d'abattre ou de transporter. Je n'éprouvais de sentiment qu'à recevoir les récompenses qu'on m'offrait de temps en temps : sucre, carottes ou tapotements. À leur nombre ou fréquence, je m'évaluais et me mesurais... Je ne consolidais en rien ma valeur à mes propres yeux, je n'assumais nullement qui j'étais ! J'attendais chaque matin qu'on m'engendre pour le reste du jour...

« Puis, comme par miracle, ta douleur m'a éclairé ! Ta malheureuse culbute dans la sécheresse m'a fait comprendre pourquoi tu m'étais devenue indispensable ! »

Onésime s'arrêta de nouveau. Il constatait que les oiseaux migrateurs descendaient avec une infinie légèreté, comme l'aurait fait un vaste nuage de plumes. Par petits battements d'ailes, ils s'approchaient de sa tête et de celle de la jument. Ému, il s'ébroua encore une fois et entendit Laska secouer sa crinière de la même façon. Il lui vint alors à l'esprit de tenter autre chose. D'un bond fulgurant, il se projeta dans un lopin de terre grasse et s'y roula à plein pelage. Il enduisit tout son corps de fumier, de cendres et d'humidité. Laska l'accompagna derechef et se vautra plus vigoureusement que lui. Quand elle fut recouverte de boue des oreilles aux sabots, elle se releva et reprit sans hésiter son bercement protecteur. Onésime se réinstalla contre le flanc de la femelle et recommença lui aussi le va-et-vient. Il reprit : « Je souhaitais confusément que tu me fasses naître ou disparaître en acceptant de me mêler à toi. J'ai compris qu'il n'appartenait qu'à moi de me mettre au monde... Nous sommes entièrement responsables d'établir notre identité, et, si par hasard quelqu'un contribue à l'avènement de notre naissance, il ne fait que favoriser l'expression du merveilleux pouvoir de notre solitude... »

Onésime sembla ravaler sa salive comme pour éviter qu'une émotion trop forte ne l'étouffât. Il remarqua, avec ravissement, que les oiseaux se posaient partout autour d'eux. Rempli d'une joie exquise, il augmenta le rythme des oscillations. Laska s'y ajusta. Il poursuivit : « Malgré ces précieuses découvertes, je me suis, quelque temps encore, fourvoyé. En ne te prêtant plus d'utilité, j'ai cessé de te voir vivante. Il fut d'ailleurs facile de me détacher de toi – on débarrasse aisément son esprit des chevaux qui ressemblent aux spectres. J'agissais cependant sans tenir compte d'un autre superbe pouvoir ; celui de la différence. Je me leurrais, Laska, je me mentais. Ce pouvoir est immense, grave, incontournable, mais il faut d'abord, pour en jouir, s'être soi-même différencié. Je n'avais point terminé ce processus. Il se poursuit d'ailleurs à l'instant même... »

Onésime s'arrêta et ne bougea plus. La jument continua d'accélérer l'espace de quelques balancements puis, comme si la tranquillité l'avait envahie, se mit à ralentir.

Le percheron osa : « Il ne peut y avoir différence sans qu'il y ait d'abord eu différenciation, et ce n'est qu'après l'achèvement de la différenciation que peut agir le pouvoir de la différence... » En faisant claquer chaque syllabe, il enchaîna : « Cette force irrésistible qui rapproche intensément les êtres pour les faire cheminer côte à côte ! »

Laska s'était immobilisée. Elle paraissait parfaitement attentive. Onésime le remarqua et renchérit : « La fatigue devient inévitable lorsqu'on s'unit sans avoir d'abord affirmé sa dissemblance...

Les efforts éreintants qui suivent une rupture ne servent qu'à chasser des ombres, les reflets informes qu'ont d'eux-mêmes ceux et celles qui ne se sont jamais consacrés à fonder leur unicité... »

S'emplissant le poitrail d'une immense bouffée d'air, le géant conclut : « Tel fut ton rapport avec l'étrangère, Laska. Tu lui as donné le pouvoir de faire de toi ce qu'elle désirait alors que tu ne savais pas encore qui tu étais. Tu t'es perdue en elle avant de t'être trouvée... »

Après un interminable moment de silence, Laska se retourna vers le percheron et hennit : « J'ai besoin d'être seule encore quelque temps, Onésime. Tu peux prévenir les nôtres ; je vous rejoindrai bientôt, lorsque je m'en jugerai prête... »

De retour à l'écurie, le percheron trépigna de joie et amorça les préparatifs d'une grande fête. Il sortit l'avoine de première coupe et le millet le plus sec. Les espagnols lui confièrent : « Nous préparons une surprise à couleur hispanique ! »

Mettant parfois le bout du museau dehors, le géant pouvait voir Laska songeuse, entourée de sarcelles et d'oies. Les oiseaux semblaient heureux d'avoir trouvé sur ces terres nourriture à leur convenance.

Onésime ne fermait plus l'œil la nuit. Il écoutait les dernières rumeurs d'automne dans l'espoir d'y entendre Laska s'approcher. Chaque soir, il se parait de ses plus beaux atours – crinière démêlée, sabots dépoussiérés – et s'installait dans l'entrebâillement de la porte pour attendre la jument.

Au bout d'une semaine, au crépuscule, alors qu'il l'apercevait enfin s'acheminer vers lui, il la vit bifurquer violemment et se diriger comme une flèche vers la maison des humains. Plissant les yeux – sa vue s'était affaiblie au cours des derniers mois –, il put voir s'agiter la main nerveuse de la jeune femme aussi blonde que la jument. Il crut même distinguer dans l'ombre du soir ses épaules qui tressautaient. Il entendit rires et pleurs mélangés. La joie teignait l'obscurité. Son cœur sauta quelques battements.

Laska se laissa longuement caresser. Onésime, inquiet, s'allongea sur le sol et ferma les yeux. Alors qu'il sentait dévaler sur ses joues une horde endiablée de larmes très vieilles, il entendit la surface du sol vibrer. Rouvrant les yeux, il constata que l'adolescente avait disparu et que Laska s'approchait maintenant de lui. Lorsqu'elle fut à ses côtés, la femelle esquissa un sourire et hennit : « Entrons, je veux voir nos amis. »

Les réjouissances furent somptueuses. Toute la nuit durant, les espagnols dansèrent. Tantôt l'un face à l'autre, tantôt pivotant flanc contre flanc, ils s'ébrouaient sur des rythmes ponctués de violents claquements de fers. Mulots et taupes s'étaient mis de la partie. Les rongeurs se croisaient entre les pattes des danseurs sans jamais être touchés. Ces derniers se montraient d'une très grande adresse. Ils exécutaient ce que les humains appellent le flamenco et hennissaient à qui voulait bien les entendre que leurs ancêtres avaient inventé cette parade, d'innombrables générations avant que leurs dompteurs ne s'y mettent. Les trois chevaux beiges s'y essayèrent consciencieusement mais ne purent que se marcher sur les sabots.

Laska mangea et but abondamment. Elle avait horriblement maigri. À l'aube, elle s'approcha d'Onésime et, posant sa tête sur le flanc du percheron, lui murmura : « Viens dehors avec moi, j'ai quelque chose à te confier. »

Lorsqu'ils furent sortis du bâtiment, le percheron remarqua la splendeur des voiliers de sarcelles et d'oies blanches qui flottaient paisiblement au-dessus de l'écurie. Laska pleurait. Regardant le géant droit dans les yeux, elle lui annonça d'un hennissement très doux : « Je pars, Onésime, je vais là où m'appelle ma différence. Les sarcelles m'ont révélé qu'il y avait encore, au-delà des frontières, de grands troupeaux de chevaux sauvages parcourant librement montagnes, plaines et vallées. Je vais les rejoindre car je suis du même sang et de la même liberté. Je vais poursuivre avec eux ma naissance. Tu me vois heureuse, Onésime, profondément heureuse... » Le percheron pencha la tête.

« Il ne me sera pas difficile de les trouver, je n'aurai qu'à suivre mes amis les oiseaux. Ils m'indiqueront patiemment la voie. J'aimerais que tu embrasses tous ceux qui m'ont aidée, il me serait encore trop ardu de le faire moi-même... Hennis-leur de toutes tes forces que je les aime ! À Pégase, Onésime ! » Il y eut quelques doux frottements de crinière et la jument s'éloigna à la vive allure que lui conférait son énergie nouvelle.

Le percheron la regarda s'éloigner jusqu'à ce que la poussière soulevée par sa course l'enveloppe entièrement. Baissant les oreilles, il pivota sur lui-même et se dirigea d'un pas très lent vers l'écurie. Il écoutait se perdre au loin le chant des oies quand sa curiosité fut stimulée par des effluves familiers. Plongeant ses naseaux humides dans les rebroussements de son poil, il y renifla, sans surprise, une poignante odeur d'humus.

*

CLÉ N° 4

« Vous en avez mis du temps !... » Notre tortue est désarçonnée ! Son cerveau reptilien redémarre. Il voudrait partir en courant. Il sait faire cela même après un véritable pas thérapeutique ! Le hall est étroit. Elle ne peut pas faire demi-tour sans avoir d'abord avancé. Elle cherche un espace où elle pourrait tourner sur elle-même, retourner là d'où elle vient – par l'entrée, par la sortie, c'est pareil –, effectuer un tour de 180 degrés. Elle se dit, comme ça : « Comme c'est encombrant, une carapace ! » ; elle songe à s'y retirer – un vieux réflexe ! Pour ne plus être vue, même pas aperçue, alors que le thérapeute est là, devant elle, à quelques pas...

Elle repère d'ailleurs un perroquet sur son épaule : « Vous en avez mis du temps... Vous en avez mis du temps... Vous en avez mis du temps... » – c'est le perroquet qui cause. Le cerveau reptilien émet alors une hypothèse : « À moins que le spécialiste ne soit ventriloque ! », il imagine cette éventualité ; le cerveau reptilien imagine souvent des éventualités quand la tortue se sent insultée.

Le thérapeute intervient, un doigt pointé vers le volatile : « Je les récupère chez des couples humains qui se séparent. J'arrive au moment où ils se battent pour la garde de leur oiseau. Ou peu de temps après... Ce sont des moments stratégiques ! »

Dès qu'elle voit le spécialiste, la tortue est sens dessus dessous ! Perdue au milieu de sa carapace, quelque part entre le plastron et la dossière. La raison en est bien simple : le spécialiste et le psychanalyste qui l'a envoyée en ce lieu se ressemblent comme deux gouttes d'eau ! Sont-ils des frères jumeaux ? Est-ce le même individu ? Elle est confuse... S'agit-il d'une supercherie ? D'un truc de thérapeute ? Se moque-t-il d'elle ? Déjà qu'elle ne comprend pas vite... Invente-t-il des moyens pour la confondre davantage ? Elle va lui demander...

Le spécialiste ne lui en laisse pas le temps, il poursuit : « Après avoir eu recours à un avocat important, une dame a obtenu la garde de Mon Coco – il s'agit du nom de celui-ci (il désigne toujours le volatile bien perché sur son épaule) ; des milliers d'euros en frais de toutes sortes. Elle disait être très attachée à son oiseau. Elle jurait qu'elle pourrait très bien vivre sans son "abruti de mari" mais jamais sans son perroquet. "Je préfère de loin les plumes à une vieille peau", se défendait-elle !

« Quelques mois plus tard, elle n'en pouvait plus d'entendre Mon Coco. Il répétait sans cesse les propos que tenait son ex-époux du matin au soir. À la sortie de la salle de bains, le matin : "Vous en avez mis du temps..." Quand elle terminait son expresso : "Vous en avez mis du temps..." Le soir, au retour du travail : "Vous en avez mis du temps..." Au moment de partir pour le théâtre : "Vous en avez mis du temps..." Même lorsqu'elle vivait un orgasme (souvent elle le feignait) : "Vous en avez mis du temps..." D'ailleurs, elle ne pouvait empêcher l'oiseau de répéter inlassablement cette phrase lorsqu'elle se mettait au lit ; il sifflait et enchaînait les : "Vous en avez mis du temps..." – jusque tard dans la nuit. Lasse et insomniaque, la dame a cru à une conspiration perroquet-mari. Elle a fini par me téléphoner pour m'offrir l'oiseau. Le jour où elle me l'a apporté, le volatile l'a regardée et, en signe d'adieu, lui a dit : "Vous en avez mis du temps..." Il fait désormais partie de mon arsenal thérapeutique ! »

La tortue éprouve beaucoup de compassion pour cette dame. Elle se demande comment elle aurait fait avec un époux pareil. Elle se permet même une blague : « Mais c'est un époux-vantail !... » Et, peu sûre d'elle-même, demande tout de suite au spécialiste : « Avez-vous compris ma blague ? »

Le thérapeute n'entend pas à rire. Il reprend : « Je vous attendais. Vous en avez mis du temps ! »

La tortue croit qu'elle devient folle. Le cerveau reptilien sait faire cela. Elle ne trouve rien d'autre à dire que : « On vous a parlé de moi ? »

Le spécialiste n'hésite pas un seul instant : « Cela vous ferait plaisir ? »

La tortue n'aime pas cette question. Elle la trouve embarrassante. Y perçoit une insinuation. Vicieuse. À la limite une provocation.

Elle est renversée, se sent aussi à l'envers que si elle était à nouveau sur le dos. Elle commence à se répéter des choses, comme le perroquet, cela l'indispose : « Il sort d'où, ce fichu spécialiste du cerveau reptilien ? Comment peut-il oser ? De quoi se mêle-t-il ? » Elle oublie même que lui et le psychanalyste se ressemblent comme deux gouttes d'eau. Elle est si froissée qu'elle a oublié cette évidence. Elle ne songe plus à lui demander : « Êtes-vous le même ? » Toute sa tête est froissée. Tout son corps aussi. On n'a qu'à regarder sa peau pour s'en rendre compte. Le spécialiste lui fait remarquer : « Vous avez l'air froissée... » Ni une ni deux, le cerveau reptilien (qui ne sait pas compter de toute façon) envoie : « Pas besoin d'être un grand thérapeute pour noter que ses mots nous ont fait des plis sur la peau. » Et vlan !

Le spécialiste, comme s'il annonçait une bonne nouvelle, répond : « Au cas où vous en douteriez, votre cerveau reptilien fonctionne très bien. Il est même extrêmement rapide. Nous venons d'en faire la preuve. Là est votre plus grand problème. En fait, votre problème n'est pas de "n'être pas vite", mais d'"être trop vite" ! »

La tortue est très confuse. Elle n'aurait jamais imaginé entendre une chose pareille. Le spécialiste n'a pas terminé : « Il ne faut surtout pas que votre cerveau se mette à croire qu'il est exceptionnel. Ce serait vous enfoncer dans le piège dont vous tentez de sortir. »

La tortue aimerait donner sa langue à un chat mais elle n'en voit aucun. Elle doit donc se rabattre sur l'aveu de son incompréhension : « Je ne comprends pas ! »

Le thérapeute propose alors une autre énigme. Il dit simplement : « Pour reposer votre cerveau reptilien, voici une autre énigme... »

La tortue se fatigue déjà ! Elle croit depuis toujours que les énigmes ne sont pas faites pour les tortues. Ou vice versa. Et que ce ne sera pas de tout repos, cette énigme... Elle est fatiguée avant même de l'avoir entendue !... Et elle ne veut surtout pas l'entendre car elle croit dur comme fer qu'elle ne sera pas capable de la résoudre (même si cette croyance vient d'être ébranlée par une porte et son bois d'olivier).

Le spécialiste l'interpelle : « Si vous voulez vivre au-delà de cent ans, il serait préférable que vous écoutiez. »

La tortue est impressionnée. Elle se demande à nouveau si les deux thérapeutes ne sont pas le même thérapeute. Le spécialiste ne lui permet pas d'aborder le sujet, il dit : « Voici l'énigme : la solution à tous vos problèmes réside dans la réponse à une seule question : « Qu'est-ce que protège mon cerveau reptilien ? »

Il fait une pause.

Puis, empruntant un air légèrement exaspéré, il reprend : « Et pour qu'on ne passe pas la nuit ici, je vais ajouter un indice : il faut regarder du côté de Mon Coco car c'est lui qui vous donnera la solution ! »

La tortue observe le perroquet. Elle attend qu'il parle, mais il ne dit rien. Pas un mot ! Il ne la regarde même pas. Il affiche une indifférence absolue. Tout à coup, devant son silence, elle fait une énorme constatation : elle constate que c'est un perroquet ! Pas une orque, pas un requin ; un perroquet ! Et que, même s'il s'agissait d'un ex-mari, là, sur l'épaule du thérapeute, cela ne changerait rien ! Elle ressent soudainement un bien-être qui l'étonne. Une forme de liberté (ou la liberté qui prend forme) : son cerveau reptilien – son garde du corps – ne réagit plus comme si elle était menacée ! Elle comprend tout à coup qu'il n'y a rien en elle qui soit menacé. Surtout pas par les propos d'un perroquet !

« Il n'y a rien en moi qui soit menacé ! » se dit-elle plusieurs fois...

Le perroquet qui, pendant tout ce temps nettoyait ses plumes, tourne la tête vers la tortue et se met à répéter : « Vous en avez mis du temps !... »

*

Clés pour les cerveaux gauches

Quand on est devant un perroquet, on s'attend habituellement à ce qu'il parle, n'est-ce pas ? On essaie même de le faire parler. On mélange parfois chant du coq – « Cocorico ! » – et langage humain – « Allô, mon coco ! » – afin d'entendre sa « voix ». Il nous arrive de souhaiter – dites-moi que cela ne vous est jamais arrivé – être celui ou celle à qui il a finalement daigné dire quelque chose (ou en présence de qui il s'est enfin exprimé !). Peut-être n'avez-vous jamais partagé la compagnie d'un perroquet ou d'une perruche ? Même pour quelques instants ? Dans ce cas, il vous est probablement arrivé de nourrir des attentes à l'égard d'un autre être vivant. Chercher à provoquer le sourire d'un enfant, « guili-guili-guili... », le ronronnement d'un chat, ou le coup de langue d'un chien, « bisou-bisou ». Qui sait si certains d'entre nous n'ont pas secrètement souhaité être regardés avec intérêt par un poisson rouge ?

Nous passons une grande partie de nos vies à *attendre*. Et c'est notre besoin d'attention qui attend ! La vieille association *attention = survie* demeure active depuis le fond de nos mémoires et génère sans cesse la peur de ne pas en recevoir ou de perdre celle dont nous présumons faire l'objet. Nous adoptons très tôt la croyance selon laquelle il faut absolument être aimé pour exister. La neurologie est habitée par ce dogme. Un système de surveillance – sorte de station radar biologique – se met en place très tôt pour détecter les sources potentielles d'intérêt à notre égard. Apparaissent avec lui *les attentes*. Peu à peu, des fantasmes prennent forme ; des scénarios de toutes sortes. La boîte crânienne devient une scène immense où se jouent les innombrables pièces de théâtre que notre imagination écrit. Nous en sommes toujours les héros ;

les princes charmants ou les princesses de notre enfance y sont en perpétuelle représentation. Nous croyons aimer alors que nous sommes simplement amoureux (un état où le système endocrinien sécrète des drogues euphorisantes d'une puissance inouïe). Nous désirons la fusion avant d'avoir appris à distinguer « aimer » (là où est notre pouvoir) et « être aimé » (là où est notre dépendance).

Évidemment, le cerveau reptilien n'est jamais très loin. Il se met de la partie pour évaluer les formes qui seraient le plus à même de perpétuer l'espèce (les plus gros muscles ou les plus jolies courbes). Nous sommes primitifs et dépendants. Et toute notre évolution consiste à en prendre conscience, à cheminer vers la civilisation et l'autonomie. Onésime et Laska font ce cheminement (et la tortue, pourquoi pas ?). Onésime : « J'ai cru ma valeur tributaire de l'intérêt que Laska pouvait me témoigner. Sans son attention, je pensais perdre prise ; sans une ouverture de sa part, je n'avais plus de prix à mes propres yeux. » Un peu plus loin : « Il se libérait en la libérant. Il cessait de se séquestrer le cœur dans le besoin de la séduire, il ne suffoquait plus dans la nécessité intérieure de se faire désirer d'elle. Il sortait du licou des illusions et des chimères ; la réalité devenait le solide attelage de sa liberté. »

Nous confondons liberté (plein usage de nos ressources) et attachement (asservissement aux ressources de l'autre). Le moyen le plus puissant pour générer de l'intérêt est de s'intéresser. C'est l'intérêt à l'autre – un intérêt véritable, pas une demande ou des attentes – qui génère de l'intérêt de la part de cet autre. Des personnes en situation de dépendance physique extrême (maladies dégénératives) manifestent encore une présence d'une qualité exceptionnelle aux personnes qui s'occupent d'elles. Leur qualité de présence les rend intéressantes !

Le désir est, bien sûr, une manifestation de la vie. La vie qui cherche à se rencontrer et à se diversifier sous d'innombrables formes. Là aussi, comme la tortue, nous sommes confus ! Nous confondons encore désirer et aimer : « Je l'aime, je l'aime, je l'aime... » devrait la plupart du temps se traduire par : « Je le (ou la) désire » (à répéter trois fois !). À ce stade, il n'y a pas encore eu de véritable manifestation d'amour ! Ou très peu. Et si on donnait une voix à l'ego on entendrait : « Je veux son attention, je veux son attention, je veux son attention... » Le désir est une formidable force vitale. Il porte le vivant. Là où il peut devenir un problème, c'est lorsqu'il fait obstacle à l'élargissement de la conscience. Lorsqu'il est considéré comme l'aboutissement de la vie plutôt qu'une de ses expressions. Beaucoup d'adolescents et d'adolescentes tombent dans ce piège. Des jeunes femmes sont manipulées par des individus qui jouent avec la combinaison explosive du désir et du besoin d'être aimé. Certaines d'entre elles vont jusqu'à la prostitution pour ne pas perdre l'attention qu'elles estiment recevoir de la part de ces manipulateurs. Elles se croient aimées et croient aimer ! Elles connaissent très peu leurs propres ressources à l'exception de leur pouvoir de séduction. L'ego l'emporte sur la présence : « Je suis spéciale, on s'intéresse à moi ! J'existe parce qu'on me désire ! » – l'ego recouvre l'être, alors que seul ce dernier est capable d'intelligence aimante et de connexion authentique.

La différenciation dont parle Scott Peck – « Une identité doit être établie avant d'être transcendée. On doit se trouver avant de pouvoir se perdre » – est liée à la découverte de cet être. Il est fondamental de découvrir sa capacité d'aimer avant de s'abandonner à la joie de se perdre dans celle de l'autre. C'est la différence à laquelle Onésime fait allusion quand il s'adresse à Laska : « J'agissais cependant sans tenir compte d'un autre superbe pouvoir ; celui de la différence. Je me leurrais, Laska, je me mentais. Ce pouvoir est immense, grave, incontournable, mais il faut d'abord, pour en jouir, s'être soi-même différencié. » C'est-à-dire avoir découvert qu'en se libérant du besoin d'être aimé on permet à la vie de circuler librement à nouveau – l'attachement constituant un embâcle.

Onésime l'a compris en accueillant sa souffrance, en l'observant et en se reconnectant aux ressources dont il s'était débranché : « Il sentait poindre en lui des espaces pour naître, croître et aimer ; de vastes domaines où rencontrer l'autre à partir de sa propre vérité. Il s'appropriait son pouvoir d'être libre en assumant que jamais Laska ne lui forgerait son identité, que jamais elle ne deviendrait l'abolition de sa solitude, que jamais elle ne vivrait sa vie à sa place... S'achevait en son être sa lutte pour se faire aimer. »

Trois grands types de réactions primitives ont permis à l'espèce humaine de survivre : peur (fuite), agressivité (lutte) et désir (reproduction). Elles sont encore aujourd'hui la base de tout un répertoire d'émotions reliées à l'ego : l'envie, la jalousie et le mépris en sont de beaux exemples. Alors, *bienvenue dans l'envie, la jalousie et le mépris* afin de comprendre, une fois pour toutes, que ce sont des réactions extrêmement primitives associées à la peur qu'a l'ego de disparaître (de n'être plus rien, de se dissoudre, de se désintégrer : pouf !) en perdant l'attention qui lui donne le sentiment d'exister :

— **La jalousie** : « L'autre est plus intéressant que moi, certainement à cause de sa Lamborghini et de sa gueule à la Brad Pitt ! Voilà pourquoi ma femme s'y intéresse ! Et moi, avec mon vieux tacot et ma tronche de grenouille, quelle valeur puis-je avoir ? Comment pourrais-je susciter de l'intérêt si elle me quitte ? Je suis condamné à l'indifférence pour le reste de ma vie ! »

— **L'envie** : « Les voisins possèdent ce que je ne possèderai jamais : la beauté, l'argent, la gloire et des whiskys rarissimes. Sans ces attributs, je demeurerai toujours un minable dont la vie ne sera qu'un échec monumental. Surtout si je ne goûte à aucun de ces whiskys avant de mourir ! »

— **Le mépris** : « Le salaud m'a volé mes idées et voilà qu'il est reconnu grâce à elles, et moi, moi : rien ! Uniquement parce que moi, moi, pauvre con, je m'efforce d'être honnête. Au diable, l'honnêteté ! »

Des phrases qui peuvent devenir des portes ouvertes vers la liberté véritable : celle où plus aucun de ces mots ne déclenche un bouleversement biologique, biochimique, physiologique (qu'on appelle aussi souffrance) sans qu'on en saisisse immédiatement la mécanique. Celle où, comme un réflexe, surgit la faculté d'observer le lien entre l'apparition de ces phrases dans l'esprit et la réaction de mal-être que cette apparition provoque.

Bienvenue parmi les humains ! Se le répéter comme autrefois une prière... afin que cette phrase devienne la clé permettant d'observer le cerveau reptilien à l'œuvre... cette région primitive qui, bien intentionnée, essaie de protéger une image ! *Prendre alors conscience – solidement conscience* – que tout le corps entre en mode lutte ou fuite pour ne protéger qu'une image ; rien d'autre qu'une image ; pas la vie !

Se répéter, avec bienveillance : *bienvenue dans l'attente et l'attachement*, pour y saisir l'erreur neurologique *(bienvenue aussi dans l'erreur neurologique)* inscrite dans la mémoire : *si je ne suis pas aimé = je meurs !* Erreur neurologique issue des innombrables empreintes laissées par les histoires qu'on nous a racontées :

« Le prince l'a embrassée, enfin ! Après cent ans de sommeil !... *Cent ans d'attente !* Et ils vécurent heureux et eurent de nombreux enfants... »

On peut alors arriver à se taper sur les cuisses en se moquant allègrement de son propre ego ! Ce qui n'empêche pas de dire à tous les salauds de ce monde qu'on a vu leur petit jeu ! Et qu'ils auraient avantage à développer leur propre créativité plutôt que de voler les idées d'autrui (c'est une blague !).

“Se répéter avec bienveillance : bienvenue dans l'attente et l'attachement, pour y saisir l'erreur neurologique inscrite dans la mémoire : si je ne suis pas aimé = je meurs.”

La Chouette et l'Éponge

Par une magnifique nuit d'automne, une chouette qui avait énormément voyagé cherchait refuge pour reposer ses ailes épuisées. Les puissants rayons de la lune frappaient son corps fragile et permettaient à son plumage argenté d'illuminer la forêt qu'elle survolait. Son vol paisible reflétait le calme et la patience qui l'habitaient. Elle explorait une clairière minuscule quand son attention fut attirée par un son étrange ; un bruit qui ne lui rappelait rien de connu, ni décor, ni odeur, ni sensation. Elle se mit à inventorier tous les cris, chants, grognements, bruissements ou ruissellements que son inconscient de chouette avait embrassés. Aucune image ne revenait. Les pics avaient déjà délaissé les écorces sèches et durcies en faveur des tendres peaux tropicales. La marmotte ronflait grassement dans son nid. Les écureuils balançaient, somnolents, leurs joues gonflées de noisettes. Bref, rien de ce qu'elle connaissait n'eût pu justifier, en ces lieux, la présence du rythme bizarre qui perturbait le silence nocturne. S'approchant doucement de l'endroit d'où provenait ce phénomène insolite, elle aperçut quelques planches maladroitement clouées les unes aux autres.

Au cours de ses multiples explorations, la chouette avait vu d'innombrables maisons, chaumières et châteaux. Elle s'était posée sur des tours dans les grandes villes, sur des guérites au-dessus des murs de prisons, sur des phares dans les ports, sur des igloos dans la glace ; jamais, cependant, elle n'avait observé si précaire construction. Le bruit qui s'échappait par tous les orifices de l'humble masure s'enchâssait peu à peu dans sa conscience. Il s'agissait d'un frottement irrégulier qui se répandait sans logique apparente. La chouette se percha sur le rebord de l'un des vastes trous qui parsemaient ce qui tenait lieu de toit à la masure et pencha discrètement son immense regard à l'intérieur. Ses paupières battirent comme des baguettes de tambour. Elle n'en pouvait croire ses yeux gigantesques. Sur les quelques bardeaux qui servaient de plancher, une forme indéfinissable s'affairait. Il était difficile de dire si la chose glissait, se traînait ou se frottait tellement son mouvement semblait ne suivre aucun tracé compréhensible. Elle passait d'une flaque d'eau à l'autre ; la cabane en était pleine ! Elle cassait, en se recroquevillant, la croûte de glace qui flottait à la surface de celles-ci et pataugeait lourdement dans chacune d'elles. Jamais elle ne s'arrêtait. Le pénible manège paraissait perpétuel. La chouette hulula délicatement : « Excusez-moi, puis-je échanger avec vous quelques instants ? »

L'objet sursauta, frémit, se raidit et rampa laborieusement dans l'obscurité d'un coin. La chouette pouvait voir la forme trembler d'effroi.

« Ne crains rien, siffla l'oiseau, je ne te ferai aucun mal. Je planais tranquillement au-dessus de cette paisible forêt lorsque les bruits provoqués par tes déplacements ont éveillé ma curiosité rapace. Je t'en prie, je n'ai pas communiqué avec quiconque depuis de nombreuses lunes, dis-moi : qui es-tu ? »

L'objet, peu rassuré, se retourna lentement sur lui-même et suinta : « Je suis une éponge, la meilleure, la plus grande de toutes les éponges. »

La chouette retint son souffle. La forme dégoûtante ne ressemblait en rien aux somptueuses éponges roses et bleutées qu'elle avait admirées à de multiples reprises alors qu'elle participait aux mémorables tournées des grands ducs dans les mers du Sud. Dans une envolée aussi soudaine que panachée, elle ajouta : « Te voilà bien occupée, me semble-t-il. Bien que j'aie traversé mers et océans, jamais je n'ai eu la chance de rencontrer une éponge aussi occupée que toi. Que fais-tu ? »

Sortant un peu de l'ombre, l'éponge, troublée, larmoya : « Tu as connu d'autres éponges, dis-tu, à quoi ressemblaient-elles et que faisaient-elles ? » La chouette, empathique, sentit toute l'importance que revêtait cette question pour l'éponge laborieuse. Sur une note mélancolique, elle hulula mélodieusement : « Elles étaient blanches, roses et bleutées, parfois d'un vert turquoise, parfois d'un rouge violacé. Elles ne faisaient rien sauf boire, dormir et respirer dans le mouvement des vagues ou le creux des rochers. »

En avançant son œil gigantesque au-dessus de l'éponge, l'oiseau de proie vit que son interlocutrice avait repris ses mouvements insensés.

« Ces éponges n'ont certainement pas eu la chance d'avoir les merveilleux petits maîtres que j'ai connus, évacua l'éponge, s'ils ne m'avaient pas indiqué la voie, je ne serais certainement rien aujourd'hui. »

La chouette, intriguée, s'apprêtait à s'enquérir de ce qu'étaient les petits maîtres, mais l'éponge l'en empêcha. S'immobilisant un bref instant, elle bava tous pores ouverts : « Jamais je ne me suis vue. Dis-moi, suis-je verte ou bleutée, rose ou rouge violacé ? »

Prétextant une plume rebelle, la chouette toussota. Elle voyait dans quel piteux état se trouvait la substance faisandée qui l'interrogeait. Décolorée, effilochée, truffée de moisissures, humide à souhait, dégorgeant boues, sables et lichens, fendillée de toutes parts, elle puait horriblement.

Embarrassée, la chouette baissa timidement ses immenses paupières et soupira : « Tu es d'une couleur différente, jamais je n'ai vu teinte pareille dans les eaux que j'ai survolées. »

L'éponge frissonna – on aurait dit du plaisir –, mais le cœur de la chouette devint lourd comme une enclume. L'oiseau de nuit entrait de plus en plus profondément dans l'univers isolé de l'éponge et sentait son jabot se serrer dans la tristesse qui s'y installait.

L'éponge sortit du précaire abri de planches et, plusieurs fois d'affilée, se contracta violemment sur le tapis de feuilles à demi gelées. L'exercice semblait exiger d'elle un effort inouï.

La chouette, étonnée, lui demanda : « Que fais-tu ? » L'éponge, de plus en plus lente à se contracter, répondit brusquement : « J'essaie de me vider de mon eau. Je dois garder le temple au sec pour le retour de mes petits maîtres. »

La chouette éprouvait la désagréable impression d'avoir effrayé l'éponge. Reprenant ses esprits, elle risqua : « Mais qui sont ces petits maîtres et pourquoi dois-tu maintenir au sec quelques vieux morceaux de bardeaux corrompus et de planches pourries ? »

L'éponge se figea. Puis lentement, très lentement, fit suinter sa colère : « Ces planches et bardeaux ne sont ni vieux, ni corrompus, ni pourris. Ce sont les fondations du palais de mes petits maîtres. Elles sont inébranlables et indestructibles car je les ai minutieusement protégées. Mes petits maîtres seront fiers de moi ! »

La chouette réitéra son hululement inquisiteur : « Mais qui sont ces petits maîtres ? »

L'éponge s'apaisa et fit jaillir avec nostalgie : « Ils étaient trois, Marianne la petite sorcière, Émilie la petite magicienne et Alexandre le petit page. Lorsqu'ils m'ont conduite ici pour me faire travailler, les arbres qui nous entourent n'étaient encore que d'humbles arbrisseaux. Ensemble, ils ont peiné pour construire ce château. Ils répétaient fréquemment qu'il s'agissait du plus beau logis du monde. "Il doit être gardé bien au sec, insistaient-ils jour après jour, il doit survivre pendant d'innombrables siècles !" Ils sont revenus crier ces mots tous les après-midi que l'été nous a offerts. Quand septembre apporta ses pluies, ils s'en sont allés et ne sont plus jamais revenus.

« J'ai alors décidé que rien ne m'arrêterait. J'accomplirais mon devoir et deviendrais la meilleure éponge au monde. C'est ce que j'ai fait. Aucune autre éponge n'aurait pu réaliser le même exploit. Depuis vingt ans, je n'ai jamais cessé d'être humide, mais je tiens le coup. Chaque hiver me voit me durcir, fendre et fissurer, mais au printemps je dégèle et entreprends d'absorber la fonte des neiges. Chaque automne amène avec lui d'innombrables semaines de pluie ; je suce alors tout ce qui vient du sol, boues, sables et glaises argileuses. Je veux que tout soit parfaitement sec pour le retour de mes trois petits maîtres. Ils me reconnaîtront et m'honoreront de leur amour ébahi. Ils feront de moi la plus riche et la plus belle des éponges, j'en deviendrai l'impératrice... »

La chouette en avait le gésier noué. L'éponge continuait de pousser ses pores submergés dans la putréfaction des bardeaux. Plus un espace en elle pour recevoir une goutte d'eau supplémentaire. Elle était totalement débordée d'humidité. Plus elle glissait, moins elle épongeait. Elle n'avait cessé de transporter les mêmes flaques d'eau d'un bout à l'autre de ce qui faisait piteusement office de plancher. Elle se traînait comme un escargot boiteux.

Alors que la chouette s'apprêtait à ouvrir le bec, l'éponge s'épancha : « Mais je suis de plus en plus fatiguée. Les hivers me font craquer. J'y vis douloureusement la coagulation des eaux qui m'habitent en permanence. L'acidité des pluies d'automne me ronge et m'épuise. Les crues du printemps m'irritent et m'impatientent. Je suis exténuée, mais je demeure persuadée que le travail m'apportera paix et reconnaissance. »

L'émotion à fleur de plumes, l'oiseau chuinta : « Si tu poursuis ta quête affolée, tu t'effilocheras complètement. Lambeau par lambeau, tu laisseras ta chair et tes pores sur ces planches avariées. Tes efforts n'empêcheront pas la cabane de s'écrouler.

Les pluies et les neiges achèveront de t'émietter et tu finiras dispersée par les quatre vents. »

Écoutant l'affection qui courait en elle, la chouette hulula respectueusement : « Laisse-moi t'aider. »

L'éponge sembla s'alourdir davantage. La chouette, émue, comprit que l'eau provenait autant de l'intérieur que de l'extérieur. Les sanglots secouaient sa compagne et ralentissaient sa course insensée.

L'éponge exsuda : « Laisse-moi, je m'en sortirai toute seule ! Le palais ne s'effondrera jamais, je le maintiendrai debout à force de travail et de volonté. Mes petits maîtres reviendront, m'embrasseront et me porteront sur leurs épaules. Je serai consacrée Grande Éponge, Éponge Suprême ! »

La chouette hua : « Dans l'état où tu es, tu ne pourrais même pas accueillir les larmes de tes petits maîtres. Il vaudrait mieux que tu saches la vérité : ces petits êtres ne reviendront plus. Ils sont fort différents maintenant, tu ne reconnaîtrais ni la sorcière, ni la magicienne, ni le page. »

L'éponge, interloquée, s'était immobilisée. Elle cessa de sangloter et, avec un soupçon d'espoir dans les jus, demanda : « Tu les connais ? »

Sans aucune hésitation, la chouette répondit : « Non, mais je le sais !

— Mais comment le sais-tu ? dégorgea l'éponge, avide.

— J'ai longtemps vécu dans une vieille grange où dormaient parfois de petits humains, hua sereinement la chouette. J'ai vu grandir de petites sorcières, de petites magiciennes et de petits pages. En grandissant, ils se transforment et deviennent autre chose : des avocates, des médecins et des députés... À part quelques poètes ou quelques fous, ils oublient pour toujours les éponges auxquelles ils avaient confié de grandes tâches au milieu des forêts magiques. »

L'éponge paraissait atterrée. Par ses pores dilatés, elle murmurait : « Mes petits maîtres ne viendront plus. Je ne serai jamais reconnue ou honorée d'amour ébahi. Je ne serai jamais la Grande Éponge... »

Imprégné de tendresse, l'oiseau reprit : « Au cours d'une nuit inoubliable, j'ai appris qu'aucune chouette ne pouvait être plus grande que les autres. Alors que je volais à peine de mes propres ailes, j'ai eu la chance d'entendre parler un très vieux hibou qui avait fait le tour de la Terre cent dix-neuf fois. Il répétait tous les soirs de grande lune que les chouettes extraordinaires n'existaient pas, pas plus que les chouettes banales, criait-il. Dans un chant très pur et très chaud, il hululait que toutes les chouettes étaient de valeur égale et qu'il n'y avait de chouettes que les chouettes vivantes. »

L'éponge, imbibée de sanglots, transsuda : « Que peux-tu faire pour moi ? »

L'oiseau, sûr de lui, chuinta délicatement : « Je peux t'aider à voir différemment. Mes gigantesques yeux de chouette me le permettent. Mais il faudra d'abord que tu le veuilles.

— Mais que puis-je voir différemment ? » transpira l'éponge, suspicieuse.

La chouette leva son regard immense au-dessus de l'horizon coiffé d'étoiles et hua : « Les châteaux, les palais, les petits maîtres, le besoin d'être une très grande éponge et tout ce que tu traînes depuis si longtemps sur ces bardeaux pourris. »

L'éponge tourna plusieurs fois sur elle-même et dégoutta faiblement : « Pourquoi veux-tu m'aider ?

— Parce que tu m'intéresses », fit la chouette avec un sourire qui lui tordit le bec.

L'éponge se redressa comme une bête blessée qui ne veut pas mourir et, tout doucement, laissa couler : « J'accepte. »

D'un bond convaincu, l'oiseau quitta son perchoir. Il se glissa sans difficulté dans l'une des larges ouvertures qui recevaient la lumière de la nuit. L'éponge ne bougeait plus. Déjà l'arrivée d'air chaud provoquée par les puissants battements d'ailes lui procurait une sensation d'une douceur tout à fait nouvelle. Elle sentait s'assécher ses multiples surfaces. Ses pores étirés distinguaient maintenant la caresse du frottement. Elle découvrait les vertus de l'allégement mais, lorsque l'oiseau vint pour la toucher, un terrible frisson la parcourut.

« Tu as les serres bien acérées, bava-t-elle, tu vas me faire mal !

— Ne t'inquiète pas, siffla l'oiseau, il te suffira d'être une éponge et tu ne ressentiras aucune douleur.

— Être une éponge... » murmura-t-elle.

Malgré la friabilité des tissus, la chouette parvint à refermer les serres sans causer de dommage. Lorsqu'elle sentit l'eau quitter les pores de l'éponge, elle relâcha puis resserra doucement son étreinte. Lichens, sables et boues sortaient à grands torrents. Elle répéta son geste à plusieurs reprises.

« Être une éponge, juste une éponge, murmurait calmement l'éponge. Il n'y a pas d'éponge plus grande ou plus banale que les autres, il n'y a d'éponge qu'une éponge vivante... »

Quelques battements d'ailes ramenèrent la chouette dans le brillant éclat de la lune. Elle éprouvait le profond bonheur de ceux qui goûtent à l'entraide.

Sous son ventre réjoui, l'éponge chantait sereinement : « Être une éponge, juste une éponge... »

*

CLÉ N° 5

Le spécialiste du cerveau reptilien s'adresse à la tortue : « Vous avez commencé à ralentir, dirait-on ! » et il éclate de rire ! Il se tourne alors vers le perroquet : « Avez-vous remarqué, Mon Coco ? La tortue a ralenti... » L'oiseau se met à rire lui aussi ; il répète : « Hi hi hi !... Hi hi hi !... Hi hi hi !... »

La tortue, qui se sentait très bien avant ces rires, ne se sent plus bien du tout ! Il a suffi d'une seconde – ce qui est plutôt court dans son cas – pour qu'elle perde sa bonne humeur. Elle ne sait pas ce qui est drôle. Elle ne s'est jamais trouvée drôle. Le doute est son état d'esprit le plus fréquent. Surtout à propos de son intelligence, de son apparence physique (comme la girafe, elle déteste la longueur de son cou) et de son sens de l'humour. Chaque fois qu'elle fait une blague, elle l'explique pour s'assurer qu'on a compris ; notamment quand personne ne rit. Et elle n'a pas fait de blague cette fois-ci. Et elle se demande si elle n'est pas elle-même la blague. Et cela ne la fait pas rire.

Elle éprouve un mélange de peine et de fureur. Et elle se pose encore cette question qui l'énerve : « Est-ce que ce thérapeute est le même que le psychanalyste ? » De toute façon, elle n'aime ni l'un ni l'autre. Et elle les aimerait encore moins s'ils étaient le même. Elle va finir par vérifier. Elle ne sait pas encore comment, mais elle saura un jour s'ils sont deux ou s'ils sont un.

Le spécialiste reprend : « Mais elle fait des progrès, cette tortue ! Êtes-vous d'accord, Mon Coco ? » Le perroquet ne dit rien. Il se cherche des puces.

La tortue saisit l'occasion et, comme un chien d'arrêt, pointe le perroquet : « Il n'a probablement jamais entendu l'ex-époux demander à son épouse si elle était d'accord ! Il n'a donc probablement jamais entendu la réponse ! » Ce sont ses réflexions de tortue. Des réflexions instantanées ! La tortue est envahie par une grande satisfaction. Elle redresse même la tête pour montrer sa fierté au monde qui l'entoure, c'est-à-dire au thérapeute et au perroquet. Elle n'en revient pas d'avoir réfléchi aussi rapidement. Des raisonnements auxquels le cerveau reptilien ajoute du mépris pour l'ex-époux – même s'il ne connaît pas l'ex-époux. Il faut dire que le cerveau reptilien sait mépriser ceux qu'il n'a pas connus. Et ceux qu'il ne connaît pas encore. Et ceux qu'il ne connaîtra jamais... Il possède ce talent.

Le thérapeute et le perroquet sifflent alors en même temps ! De grands sifflets d'admiration pour le raisonnement de la tortue... Des sifflets comme ceux qu'on entend à la fin d'un spectacle.

Pendant que le thérapeute se tait, le perroquet siffle trois fois encore. Et trois fois de plus. Et trois autres... Le thérapeute explique : « L'ex-époux ne savait plus s'arrêter quand ses propos rendaient son épouse inerte. Mais, malgré le silence et les larmes de sa compagne, *l'époux-vantail* (clin d'œil thérapeutique à la blague de la tortue) continuait à marteler sa pseudo-supériorité afin de marquer sa pseudo-victoire. C'est ainsi que Mon Coco est devenu un fidèle véhicule de l'ego humain. Il en est désormais la voix ! »

Mon Coco rit à nouveau : « Hi hi hi !... » Mais cette fois son rire n'a pas la même couleur. Le spécialiste se transforme en guide de zoo : « Vous venez d'entendre un rire jaune. C'est le rire de celui qui constate sa défaite mais n'a plus d'autre arme que la dérision pour faire croire à soi-même et aux autres que cela ne l'atteint pas. »

La tortue rit à son tour. Son rire n'est pas jaune. Difficile de lui attribuer une couleur. On y entend résonner l'ego, la voix de l'ego : la réjouissance devant le malheur de l'autre. La tortue jubile parce que le perroquet s'est fait clouer le bec !

Le thérapeute saisit le rire au vol : « Je constate à l'instant que votre cerveau reptilien n'a pas ralenti une seconde ! Il est d'une efficacité affolante, ça tient presque du génie ! »

La tortue ne sait plus comment réagir. Elle déteste le thérapeute, mais il la fascine. Il poursuit : « Vous devriez, à ce stade-ci, savoir pourquoi votre cerveau reptilien s'affole devant un rire que vous croyez moqueur, qu'il le soit ou non ; dites-moi... »

Il la regarde maintenant dans les yeux. Il les lui scrute l'un après l'autre. Il se penche plusieurs fois. À gauche. À droite. La tortue essaie de suivre les déplacements du thérapeute mais ne sait plus où donner de la tête. Elle est étourdie. Perd l'équilibre. Le thérapeute en rajoute : « On ne peut pas faire un pas en avant (ou même en arrière) si on ne perd pas l'équilibre... Dès que vous levez votre patte, l'équilibre n'est plus assuré. »

La tortue vérifie ses quatre pattes. Son déséquilibre ne vient pas de là. Elle se confie (ce qui est un peu le but de sa visite) : « C'est trop pour ma tête de tortue, je crois que je vais renoncer à devenir plus lente. Je dois me rendre à l'évidence, mon cerveau reptilien est beaucoup trop rapide pour moi. »

Le thérapeute devient très ferme : « Suivez-moi !... » Et il indique un passage étroit devant lui. Le perroquet se tient toujours sur son épaule. Le corridor est sombre. Le spécialiste accélère le pas. « J'ai toujours craint les espaces clos, murmure-t-il, surtout quand ils ne sont pas éclairés ! »

La tortue exprime sa surprise : « Vous avez peur, vous ? »

La réponse était prête : « C'est parce que j'ai des peurs que je peux soigner celles des autres... Bienvenue dans la peur, on y comprend pourquoi le cerveau reptilien s'affole. »

La tortue se méfie... Elle craint que ces mots soient une autre astuce de thérapeute. Une passe d'illusionniste. Elle a entendu dire que certains thérapeutes étaient aussi des hypnotiseurs. Elle ne veut pas être hypnotisée. Elle n'a pas du tout envie de faire la poule ou le coq sans s'en rendre compte. Déjà qu'elle ne contrôle pas son cerveau reptilien, de quoi aurait-elle l'air en animal de basse-cour ? Ou en perroquet, pourquoi pas ?

Elle affiche maintenant une mine renfrognée. Le spécialiste ne laisse pas passer : « Votre mine s'est renfrognée, je crois. Il s'agit habituellement d'un indice de contrariété ou de méfiance. À moins que ce ne soit votre air naturel, auquel cas je ne l'aurais pas remarqué. Ce qui serait surprenant – cela dit en toute humilité. Je vous souhaite donc : "Bienvenue dans la méfiance !" Vous y trouverez ce qui en vous se méfie. »

La tortue, emportée par la curiosité, esquive : « Et vos peurs à vous ? »

Le spécialiste ne manifeste aucune gêne : « Je me soigne en soignant les autres. Chaque fois qu'une tête m'ouvre sa porte, j'entre dans un espace clos, peu éclairé. On appelle cela la thérapie par immersion. »

La tortue se plaît maintenant à inverser les rôles : « Pourriez-vous m'en parler ? »

Le thérapeute, très à l'aise, se fait professeur : « Il existe aujourd'hui des thérapies par immersion dans une *réalité virtuelle*. On pose un casque sur une tête et on projette des images en trois dimensions de ce que craint cette tête. Une araignée, par exemple. Ou une souris. On contrôle l'intensité de la projection. On passe progressivement du bébé araignée à la tarentule. Du souriceau au rat. Peu à peu, le cerveau reptilien s'habitue. »

La tortue aimerait bien mettre ce casque. Et voir des images de ce qu'elle craint le plus : ne pas être assez rapide !... ne pas être assez belle !... ne pas être assez drôle !... Elle demande : « Des images de blagues auxquelles personne ne rit, est-ce que ça existe ? » Le thérapeute, émerveillé par cette question, sourit : « Je l'ignore, mais c'est une option qu'il faudrait sérieusement considérer. »

Puis il poursuit : « En ce qui me concerne, je n'ai pas besoin de casque. Chaque fois que j'écoute quelqu'un, j'entre immédiatement dans la réalité virtuelle. Il y a longtemps qu'elle a été mise au point ! On la retrouve dans presque toutes les têtes, à chaque instant ! Très peu de cerveaux sont dans la *réalité réelle*. Ils inventent sans arrêt des catastrophes et les vivent comme s'ils y étaient. Dans ce cabinet, je fais face à presque toutes les peurs imaginables. Voilà pourquoi je suis devenu thérapeute, c'est-à-dire un spécialiste de la réalité virtuelle ! »

Il s'arrête devant une porte en bois d'olivier et la contemple ; elle s'ouvre...

Ils entrent dans une petite chambre. Une fenêtre au fond laisse filtrer la lumière du jour. On y voit deux cages sur pied, rien d'autre. Dans chaque cage, un perroquet se cherche des puces.

Le spécialiste les décrit : « Ces deux-là sont de drôles d'oiseaux ! Ils me viennent de propriétaires qui, pour sauver leur couple, ont décidé de se débarrasser de leurs "petits bébés" :

Dolly et Prane. Ils les ont ainsi baptisés pour faire une blague, en disant à tous leurs visiteurs que ces oiseaux apaisaient les maux de tête. »

La tortue ne comprend pas la blague mais n'ose pas le dire.

Le thérapeute le remarque mais ne dit rien non plus.

Il reprend : « Ce fut tout le contraire ! Dolly et Prane leur ont donné plus de maux de tête qu'une cuite à la piquette. Et voici pourquoi : vous remarquerez d'abord qu'ils ont tous les deux les ailes croisées devant. C'est pour marquer une forme de bouderie. On appelle cela de *l'agressivité passive* chez les humains. À force d'imiter leurs proprios, ces oiseaux ont appris à répéter non seulement leurs mots, mais aussi leurs gestes. Il était impossible de les laisser dans la même cage, des prises de bec ininterrompues auraient pu les amener à se blesser ; ils font maintenant cage à part.

« Leurs proprios n'en pouvaient plus de voir leurs gestes imités. Dolly et Prane s'étaient transformés en miroir. Alors, Monsieur et Madame ont préféré me les donner plutôt que de poursuivre leur thérapie de couple avec moi.

« Je vous laisse donc avec eux – je veux dire : les perroquets. Ils sont votre nouvelle intrigue. Prenez votre temps. Il n'est pas nécessaire de la résoudre rapidement. Et je vous expliquerai la blague faite avec leurs noms si vous y tenez ! »

La tortue ne tient pas à se faire expliquer la blague ; elle craint de ne pas comprendre même après les explications.

Elle s'approche des deux cages. Elle ne peut pas distinguer le mâle de la femelle, c'est impossible avec cette espèce, à moins d'être un expert (le spécialiste l'a prévenue). Elle en profite pour se répéter qu'elle n'est experte en rien.

« Enchantée, je m'appelle Dolly », dit tout à coup la femelle. Elle le dit d'un seul trait, sans attendre de réponse. La tortue se sent déjà dépassée. Dolly continue : « Prane ne vous parlera pas. Il ne sait répéter qu'une chose – une ânerie –, et encore, ce n'est pas gentil pour les ânes. Mais il ne vous parlera pas. En fait, il imite notre ex-propriétaire à la perfection.

« Nos problèmes ont commencé quand notre ex-proprio a dit à son épouse : "Tu as une cervelle d'oiseau !" Au début, Prane et moi avons cru qu'il s'agissait d'un compliment ; un hommage rendu à nos cervelles. Nous étions flatté(e)s. Mais à voir la réaction de l'épouse, nous avons perçu qu'il en était tout autrement. Elle ne l'a pas pris, le compliment ! Elle a tourné les talons (un formidable pivotement sur des aiguilles) et lui a renvoyé du tac au tac : "Cervelle d'oiseau toi-même !" Elle a quitté la maison en claquant la porte. Elle est revenue une heure plus tard en annonçant : "Je m'envole vers d'autres cieux !" Nous avions très envie de la suivre. Elle s'est absentée plus d'un mois.

« Pendant son absence, Prane a commencé à me répéter : "T'as une cervelle d'oiseau !... T'as une cervelle d'oiseau !... T'as une cervelle d'oiseau !..." Il espérait que le proprio se lasse et nous libère. Mais ce dernier le récompensait. Il le prenait sur son index et lui offrait des fruits tropicaux : mangues, kiwis et grenades. Moi ? Il me laissait dans la cage avec des boules de graisse et des graines. Comme s'il me punissait d'être une femelle. Puis Prane a reçu cerises, pêches et ananas. Moi ? Toujours des boules de graisse et des graines. À la fin, Prane passait ses journées à répéter : "T'as une cervelle d'oiseau !... T'as une cervelle d'oiseau !... T'as une cervelle d'oiseau !..." Il avait développé une passion pour les fruits tropicaux. Je les ai appelés les fruits de la passion.

« Au retour de son voyage, l'épouse s'est montrée catégorique. Elle nous a désignés d'un index menaçant : "Eux ou moi !" Le lendemain, le proprio nous a conduits ici non sans laisser quelques fruits à Prane. Maintenant vous savez tout ! » Dolly se tait et retourne à ses puces.

La tortue se demande alors s'il est préférable d'avoir un cerveau reptilien ou une cervelle d'oiseau. Pendant qu'elle est aux prises avec ce dilemme, le spécialiste entre à nouveau dans la pièce.

Ses premiers mots sont : « Et alors ? »

Pour la tortue, c'est une question très difficile : « Et alors ? » Elle ne s'y attendait pas. Elle aurait aimé réfléchir, faire des recherches, creuser le sujet. Elle craint déjà d'entendre le sarcasme de Mon Coco : « Vous en avez mis du temps !... » Avoir l'air retardée, attardée, demeurée... « Et alors ?... » Quelle question terrible !

Le thérapeute attend : « Je ne suis pas pressé, vous savez... »

La tortue a chaud malgré son sang froid (le cerveau reptilien sait très bien donner des chaleurs). Elle se sent défaillir.

Le spécialiste s'en aperçoit : « Prenez tout votre temps pour défaillir, vous ne tomberez pas de haut ! »

La tortue perd la carte quelques secondes. Combien ?... Une éternité peut-être – c'est ce qu'elle se dit quand elle ouvre les yeux. Le thérapeute n'a pas bougé. Il l'accueille avec : « Et alors ?... »

Il attend un peu. Puis ajoute : « Est-il préférable d'avoir un cerveau reptilien ou une cervelle d'oiseau ? »

La tortue n'en revient pas. Il connaît les questions qu'elle se pose !

Le spécialiste ne la laisse pas réagir, il propose : « Et si l'on se demandait plutôt ceci : "Que ferait un oiseau sans sa cervelle, et que ferait un reptile sans son cerveau ?" »

La tortue se met à réfléchir. Elle voudrait trouver la bonne réponse, la trouver tout de suite ! Mais la bonne réponse demeure coincée quelque part. Le thérapeute garde le silence. Il sourit et approuve de la tête.

La tortue a une illumination neuronale – elle se dit que ce doit être ça, un « éclair de génie » : elle réalise que l'époux ne connaît rien aux cervelles d'oiseau ! Qu'il n'y a jamais mis les pieds. Ni la tête. Ni le cœur. Et que *quelque chose* dans son cerveau d'époux effectue des comparaisons : ce *quelque chose* estime qu'un cerveau d'époux, à cause de sa taille, est supérieur à une cervelle d'oiseau ! La tortue découvre que cette comparaison permet à *l'époux-vantail* (elle aime encore sa blague) de se sentir au-dessus de tous les cerveaux qu'il traite de cervelles d'oiseau ; il croit voler très haut alors qu'il vole très bas !

La tortue se rend également compte que ce *quelque chose* est aussi dans son cerveau reptilien ! Et qu'il y fait ses propres comparaisons : « Je suis moins belle, moins intelligente, moins drôle... moins que moins ! » Et qu'elle en tire aussi le sentiment d'être exceptionnelle mais à l'envers... comme si elle était la seule tortue à nager sur le dos, dans les profondeurs océaniques. Elle se répète alors plusieurs fois – afin de ne pas l'oublier (elle craint toujours d'oublier) – que ce *quelque chose* cherche sans cesse à être *quelqu'un !* Et que, toute la vie, il a peur de ne pas y arriver.

Elle constate que, même si ce *quelque chose* a peur, elle peut être tranquille, car *il* n'est pas *elle !*

Non... Non, non !... ce *quelque chose* n'est pas *elle !*

Elle entend maintenant clairement la voix de ce *quelque chose* : c'est celle de Mon Coco !

Remplie de joie devant cette découverte, elle se tourne doucement vers le spécialiste. À sa grande surprise, elle constate qu'il est toujours là !

Même si l'éclair de génie qui a traversé sa tête de tortue a mis beaucoup de temps pour le faire, le spécialiste ne s'est pas enfui... il n'a pas bougé ! Il la regarde avec une attention pleine de tendresse et dit : « Et puis ? »

En toute sérénité, la tortue répond : « Et alors ?... »

*

Clés pour les cerveaux gauches

Quel est ce *quelque chose* dont la tortue a découvert la présence dans son cerveau reptilien ? Serait-ce ce même *quelque chose* qui anime les mouvements de l'éponge ? : « Aucune autre éponge n'aurait pu réaliser le même exploit ! [...] Ils me reconnaîtront et m'honoreront de leur amour ébahi. Ils feront de moi la plus riche et la plus belle des éponges, j'en deviendrai l'impératrice. »

Ce *quelque chose* qui n'est pas moi et qu'on appelle pourtant « moi », c'est l'ego !

L'éponge baigne clairement dans une *réalité virtuelle*. Elle vit son histoire comme si cette dernière était parfaitement réelle. Une histoire qu'elle a inventée et continue à se raconter après toutes ces années. *Elle croit que, pour être aimée, elle doit tout faire à la perfection.* Croyance qui résulte d'une grossière logique du cerveau de l'enfant (bien sûr, l'éponge n'a pas de cerveau d'enfant, c'est une métaphore ! Mais bon, qui sait ?). Le cerveau, malgré son potentiel immense et ses qualités admirables, est souvent bébête. Il fait des liens sans discernement. Il connecte A avec B sans établir s'il existe un lien réel entre A et B. Il conçoit et enregistre ainsi de terribles équations. La plus pernicieuse (et nous y avons déjà fait allusion) est la suivante :

1. Être aimé signifie survivre.

2. Pour être aimé, il faut être parfait.

3. Alors, pour survivre, il faut être parfait !

C'est l'équation de base de toute la « logique » de l'ego. Les termes de cette équation-syllogisme sont faux, donc celle-ci est fausse. Mais, malheureusement, elle engendre une flopée de fausses croyances qui, toute la vie, marquent les réactions du cerveau reptilien. Le *quelque chose* croit qu'une moquerie va l'éliminer, le faire disparaître !

Avec de telles croyances, l'éponge va jusqu'à se détruire pour survivre. En fait, c'est le *quelque chose* qui, afin d'assurer sa propre survie, va amener l'éponge à une forme d'automutilation, à un anéantissement de la vie en elle-même : « Décolorée, effilochée, truffée de moisissures, humide à souhait, dégorgeant boues, sables et lichens, fendillée de toutes parts, elle puait horriblement. »

“ Il y a deux mondes : celui de l'ego et celui de la présence ! ”

Le monde de l'ego cherche sans arrêt à attirer l'attention de son côté. À s'en emparer. À la séquestrer. Autant celle qui vient de l'extérieur – celle des autres – que celle qui vient de l'intérieur : la nôtre. Il n'est jamais rassasié. Rappelons-nous cette autre équation : *avoir de l'attention = survie !* Pourvu qu'on me regarde, me voie, m'entende, m'écoute... et, parfois, me caresse. Mais rappelons-nous également que cette équation erronée est accompagnée d'une autre fausse équation : *pour qu'on me regarde, m'entende, me caresse, je dois être exceptionnel(le), me démarquer, me distinguer...*

Notre grand défi, autant celui de l'éponge que celui de la tortue, le défi de toute une vie, est de sortir l'attention du monde de l'ego – la libérer en quelque sorte – et la ramener dans le monde de la présence !

Ce qui signifie : développer la vigilance nécessaire à l'observation du cerveau reptilien ! Le déjouer. Le maîtriser. C'est ce que fait la tortue. Elle constate que l'ego (le *quelque chose*) se sert sans arrêt du cerveau reptilien à des fins de surveillance et de protection, comme les humains utilisent un garde du corps, une police secrète ou un système de défense antimissile. Elle prend conscience de cette aberration et l'exprime par : « Et alors ? » Elle sait désormais que moqueries ou insultes – « T'as une cervelle d'oiseau ! » – peuvent pénétrer le monde de l'ego à la manière d'un virus et y faire des ravages, mais ne peuvent pénétrer le monde de la présence !

Elle sera dorénavant en mesure d'intercepter les jugements qui pourraient « kidnapper » son attention, et délivrer cette dernière avant qu'elle ne soit prise en otage !

Quand elle entendra : « Tu combles les besoins des autres et pas les miens. Tu combles même tes propres besoins avant les miens ! Qui suis-je, moi, pour toi ?... » Elle saura que c'est la voix de Mon Coco qui vient de se faire entendre.

Elle pourra déterminer toutes les fois où le *quelque chose* se sent menacé ; elle décèlera sa peur dans les : « Tu ne penses qu'à toi ! » Elle pourra même dire, en toute délicatesse, que c'est encore Mon Coco qui lance des attaques dans les « Tu ne "me" respectes pas ! » Eh bien, oui, l'ego ne respecte pas ! Il ne respecte rien. Il n'y a que la présence qui respecte. Il n'y a que la présence qui voit la présence.

Elle verra le discours manipulateur de l'ego dans tous les « Tu combles mes besoins si tu possèdes intelligence, beauté, sens de l'humour, argent, force ou n'importe quoi d'autre ; mais si tu n'as rien de tout ça, tu es sans intérêt ; alors, disparais ! »

Elle sera en mesure d'observer Mon Coco à l'œuvre dans ces manipulations, et d'apaiser le cerveau reptilien : « Calme-toi, cerveau reptilien, tu t'actives pour rien ! Ce que tu tentes de protéger n'a pas besoin de l'être. »

Elle pourra mettre des limites sans craindre le rejet que ce respect d'elle-même pourrait entraîner.

Bienvenue dans les « limites », l'usure, l'épuisement, la fatigue ! Car on peut alors reconnaître que les limites existent ! Et apprendre à les respecter ! Il y a vingt-quatre heures dans une journée, trois cent soixante-cinq jours dans une année, cent ans dans une vie (si on a de la chance) ; deux bras, deux yeux, deux oreilles, deux jambes sur un corps humain... Il se fait déjà tard... Nous avons pu observer qu'il est interdit de prononcer le mot « limites » dans certaines entreprises ! Ce mot y est censuré ! Il pourrait nuire à l'atteinte de l'excellence, de la performance, du dépassement. On y prêche que le bonheur est dans le succès, et on ne s'arrête plus pour se demander si c'est vrai. On associe « succès » à « être regardé », « être entendu », « être reconnu »... sans constater la superficialité des regards ou de l'écoute associée à la réussite ! Leur non-permanence. On adopte le credo : « Sont heureux ceux qui n'ont pas de limites ! » et on ne constate plus que le dépassement a une fin, une ligne d'arrivée ! Qu'elles existent partout, les lignes d'arrivée !

Nous sommes piégés par notre génie. Nous avons fait éclater les limites dans l'environnement – nous sommes passés de trois chaînes de télévision à bientôt mille deux cents – et nous sommes tombés dans le piège de croire que nous avions fait exploser les limites à l'intérieur de nous. Notre cœur bat toujours à soixante-douze coups par minute et notre tension artérielle se situe toujours à 120-80.

Et, si la tendance se maintient, nous pourrions tous et toutes ressembler à des éponges avec l'arrivée des robots. Ces super-machines ne se poseront pas de questions existentielles sur l'amour, la mort ou les moyens de payer leur appartement. Ces robots pourront, paraît-il, nous « faire l'amour » – si ce n'est pas déjà le cas – sans demander « m'aimes-tu ? » avant ou après. Et il suffira de changer de modèle si le « japonais », « l'allemand » ou « le dernier cri » ne fait plus l'affaire. Pas de compromis à trouver, pas de discussions pour se comprendre, pas de larmes à essuyer. Et ils n'auront jamais de rides ou de parties du corps qui s'affaissent. Finies les limites !... Ils ne s'attendront pas à ce qu'on sorte les poubelles car ils le feront sans qu'on le leur demande – ils seront programmés pour deviner nos besoins. Peut-être pourront-ils même offrir de la tendresse s'ils perçoivent un manque dans ce domaine. Ils n'espèreront aucune preuve d'amour et ne seront donc jamais déçus. Pas de : « Mon Coco, tu ne penses qu'à toi !... » Et ils devraient, en principe, effectuer des tâches sans erreur ! Mais il faudra quand même les entretenir car ils viendront avec une garantie d'un an à laquelle pourra s'ajouter une garantie prolongée, moyennant des coûts supplémentaires (tiens, des limites !). Elle ne couvrira cependant pas certaines pièces, dont l'usure est inévitable même si elles sont fabriquées en titane ou en acier inoxydable (curieux, encore des limites !). Et peut-être y aura-t-il, malgré tout, des erreurs d'utilisation liées à des excès ou à des dérapages ; on ne sait jamais, avec l'appétit des hommes, il faut bien des « contrats d'assurance » pour s'en protéger !

Alors, *bienvenue dans les limites* car elles nous replongent (voilà où réside la véritable urgence de notre époque !) dans notre « humanitude » ! Déjà, on n'arrive plus à téléphoner nulle part sans entendre des réponses interminables, prononcées par une voix inhabitée : « Si vous désirez de la moutarde dans votre sandwich, appuyez sur le 5, si vous désirez des cornichons, appuyez sur le 6, si vous voulez réentendre le message appuyez sur le 1... Et dépêchez-vous avant qu'il ne reste plus de cornichons ! » L'irritation devient l'émotion la plus répandue, elle monte comme une allergie : « Mais il est où le bouton pour avoir accès au jugement d'un être humain ? Je ne veux ni sandwich ni cornichons, je veux savoir où sont les toilettes ! »

Bienvenue dans les limites, bienvenue parmi les humains ! On dénonce maintenant l'erreur à coups de tweets ou de pouces vers le bas (un retour à Rome !), dans l'illusion qu'on a soi-même atteint la perfection. L'absence d'« *insight* » semble devenue l'une des plus grandes maladies de la modernité. Les réseaux sociaux sont désormais les autoroutes du blâme et de la critique. Aujourd'hui, la perfection est une exigence à satisfaire. Au quotidien. Elle est installée au cœur des attentes qu'on nourrit à l'égard des autres et, bien sûr, à son propre égard. On se l'impose mutuellement sur Facebook, Instagram et autres véhicules de l'image. On la brandit en modèle à imiter pour entrer dans le nirvana : richesse, beauté, pouvoir. Et on allègue que nous sommes tous en mesure d'y arriver. On nous fournit même des recettes. La télé nous inonde de « modèles de réussite » – gens d'affaires, sportifs, artistes – qui échoueraient lamentablement à des tests mesurant la joie de vivre et la qualité des relations interpersonnelles.

D'innombrables enfants lèvent la main, ensemble, en demandant : « You hou !... Où êtes-vous ? Est-ce que quelqu'un m'entend ? » Ils hurlent, à leur façon : « Où est la vie à travers ce cirque ? Est-ce qu'on se souvient de son existence ? »

Un auteur anonyme a d'ailleurs écrit un texte bouleversant à ce sujet ; un vibrant appel au secours :

« J'ai parcouru plusieurs kilomètres pour trouver le cadeau parfait pour mon enfant. Après deux longues soirées, fatigué, j'ai pensé lui demander ce qu'il voulait. Voici la liste des cadeaux qu'il m'a suggérés :

« J'aimerais être Félix, notre petit chat, pour être moi aussi pris dans vos bras chaque fois que vous revenez à la maison.

« J'aimerais être un baladeur pour me sentir parfois écouté par vous deux, sans aucune distraction, n'ayant que mes paroles au bout de vos oreilles, fredonnant l'écho de ma solitude.

« J'aimerais être un journal, pour que vous preniez un peu de temps, chaque jour, pour me demander de mes nouvelles.

« J'aimerais être une télévision, pour ne jamais m'endormir le soir sans avoir été au moins une fois regardé avec intérêt.

« J'aimerais être une équipe de hockey pour toi, papa, afin de te voir t'exciter de joie après chacune de mes victoires.

« J'aimerais être un roman pour toi, maman, afin que tu puisses lire mes émotions.

« À bien y penser, je n'aimerais qu'une chose, ne m'achetez rien ! Permettez-moi seulement de sentir que je suis un enfant ! »

Alors, *bienvenue parmi les humains !* Disons-le à nouveau, il est urgent de se répéter cette phrase : *bienvenue parmi les humains, bienvenue parmi les humains, bienvenue parmi les humains...* comme autrefois une prière ! Devenons des perroquets conscients ! Rappelons-nous volontairement la différence entre le monde de l'ego et le monde de la présence.

Observons les jeux du cerveau reptilien, l'erreur qu'il commet, sa tendance permanente à se fourvoyer. Prenons-le dans nos bras (on ne peut pas prendre un cerveau reptilien dans nos bras, c'est une métaphore !) et remercions-le de ses efforts pour nous protéger.

Mais surtout, devant les moqueries, les insultes, la peur du rejet, répétons-nous haut et fort : « Et alors ?... Et alors ?... Et alors ?... »

“Notre grand défi est de sortir l'attention du monde de l'ego et la ramener dans le monde de la présence.”

L'Huître et le Vieillard

Après avoir longuement marché dans un sable où il n'y avait pas de château, le vieillard sans rides retira ses vêtements et s'assit bien droit face à la mer. Son corps nu luisait comme la peau d'un reptile dans le chaud soleil de l'après-midi. Il ferma les yeux et se mit à fredonner un chant funèbre. Sa voix éraillée semblait appeler quelqu'un ou quelque chose. La longue et grave mélodie qu'il mêlait au rythme des vagues fut soudainement interrompue par un claquement sec. Un souffle étrange réchauffa ses pieds. Il pencha gracieusement la tête vers cette chaleur insolite et découvrit avec stupeur une huître qui battait de la coquille dans sa direction. « Qu'attends-tu ? » lui dit-elle.

Jamais auparavant le vieillard sans rides n'avait communiqué avec d'autre forme de vie que celle de l'espèce humaine. Stupéfait, il ne dit mot... En deux ou trois battements délicats, l'huître répéta sa question : « Qu'attends-tu, vieil homme ? »

Estimant qu'il n'avait rien à perdre et s'étant assuré du regard qu'il ne serait vu de personne, le vieillard sans rides répondit :

« J'attends que la marée monte et vienne enfin m'apporter le repos.

— Quel repos cherches-tu ? reprit l'huître.

— Le repos éternel, murmura rêveusement le vieil homme.

— Tu désires te reposer pour l'éternité ? Ça me semble bien long... Te sens-tu à ce point fatigué ? interrogea d'un claquement surpris le terreux coquillage.

— Oui, je ressens une fatigue immense... La fatigue de toute une vie. Je ne me sens plus de force pour accomplir quoi que ce soit. Mes épaules et mes bras sont vides (le vieillard les secoua mollement), mon dos s'affaisse sous le poids des années et de l'épuisement.

— Dis-m'en davantage à propos de cette fatigue, fit l'huître grande ouverte. Peut-être comprendrai-je enfin ce qui m'a conduite ici », ajouta-t-elle en se refermant mélancoliquement.

Le vieillard leva ses yeux remplis d'histoire au-dessus de l'horizon et réfléchit longuement. L'huître en profita pour secouer sa coquille. Lorsqu'il ramena son regard vers elle, le vieil homme avait froncé les sourcils. Sa voix grave tomba comme une pierre de volcan.

« Je constate que je sais peu de chose de la fatigue. Pourtant, les mots "je suis fatigué" sont probablement ceux que j'ai prononcés ou entendus le plus souvent au cours de mon existence. Malgré cela, jamais auparavant je ne m'étais arrêté un seul instant pour en chercher la véritable signification. »

En entrouvrant son couvercle, l'huître siffla : « Je ne crois pas que tu sois prêt à recevoir l'eau de la mer dans tes poumons, vieil homme. Si tu ne sais pas d'où vient ta fatigue, si tu n'arrives pas à nommer ce qu'elle est, tu ne peux pas bien mourir... »

Le vieillard, étonné, sentit un picotement sur son front... Il y porta nerveusement le bout de ses doigts et palpa avec inquiétude un curieux repli de la peau. Il comprit qu'une ride venait de s'y former. Choqué, il se mit à semoncer le mollusque, non sans s'être encore une fois assuré de l'absence de toute âme humaine dans les environs.

« De quel droit te permets-tu de mettre des rides à mon front ? » dit-il, contrarié.

D'un petit soulèvement de nacre, l'huître rétorqua :

« Ce ne sont pas des rides, vieil homme, mais une ride. Il s'agit de la toute première, et je n'y suis pour rien. C'est toi-même qui l'as finalement laissée prendre la place qui lui revient. Ta réaction me confirme que tu ne saurais présentement bien mourir ! » Le vieillard, décontenancé, poursuivit en frottant son nouveau pli :

« Mais qui es-tu, sombre mollusque ?

— Je suis une huître fatiguée, bouillonna tristement le fruit de mer.

— Fatiguée ? s'enquit le vieil homme, surpris.

— Oui, fatiguée, claqua l'huître en lui aspergeant légèrement les orteils.

— Mais que fais-tu ici ? » reprit le vieillard, médusé.

L'huître sembla s'éclabousser de timidité. Elle clapota : « J'attends que la mer se retire... Je désire que le soleil m'assèche et me fasse disparaître. Je suis totalement épuisée. Lorsque descendra la marée, je trouverai probablement le repos. » Le vieillard bafouilla : « Mais dis-moi à ton tour, qu'entends-tu par "fatigue" ? »

« Je ne sais pas plus que toi, vieil homme. Mes liquides sont à bout de souffle, je suis de plus en plus molle et ralentie, j'arrive à peine à me garder l'écaille ouverte... Toute ma vie, j'ai rêvé de voir grandir une perle en mon sein, une perle immense, ronde et douce, j'ai consacré une énergie monstrueuse à la faire naître. Chaque jour, j'espérais voir apparaître une petite protubérance rosée au cœur de mes jus visqueux. Ce fut sécrétion perdue. Je suis désormais vieille et grise. L'espoir m'a quittée et le clapotis m'est devenu faible et confus... »

Le vieillard la recueillit tendrement dans le creux de sa main et l'approcha doucement de son visage. Il ressentit à nouveau un picotement sur son front... Le bout de ses doigts ne tarda pas à sentir un second repli s'appuyer sur le premier. Après avoir longuement scruté son interlocutrice, il lui dit : « Tu n'es pas plus prête à t'assécher que je ne le suis à me noyer, bilieuse dame ! De plus, nous avons un gros problème à résoudre pour arriver à nos fins respectives. J'attends en effet que la marée monte et toi, tu attends qu'elle descende. Si elle monte, je meurs et tu vis ; si elle descend, tu meurs et je vis. Pourtant, ni toi ni moi ne sommes réellement prêts à disparaître... Qu'allons-nous faire ? »

L'huître claqua trois fois et dit : « Remets-moi à l'eau et rendez-vous ici même dans six mois... »

Six mois plus tard, au cours de sa longue marche dans un sable sans château, le vieillard à deux rides ferma les yeux pour écouter les puissants battements de son cœur. C'était nouveau pour lui, jamais avant sa rencontre avec le disgracieux coquillage il n'avait prêté attention au rythme particulier qui marquait l'intérieur de sa poitrine. Il avait, depuis, découvert qu'il s'agissait d'un rythme identique à celui qu'avait déployé l'huître dans ses efforts pour formuler les mots et les phrases, dans son application pour communiquer avec lui... À cette simple constatation, sa fatigue avait complètement disparu.

Il s'approchait maintenant avec délice du lieu fixé pour la rencontre. Sa joie était grande, et sa paix, profonde... Cette fois-ci, une foule entière ne l'eût pas dérangé. Il prit donc place à l'endroit même où quelque temps auparavant il était venu attendre la marée... Les heures s'écoulèrent, mais le sable demeura désert. Le soleil s'enfonça dans la mer et les vagues commencèrent à mouiller ses jambes et ses fesses. Lorsqu'il eut de l'eau jusqu'à la taille, le vieil homme, légèrement inquiet, se leva, recula de quelques mètres et s'assit à nouveau. Malgré l'obscurité croissante, l'espoir ne le quitta pas. Lorsqu'il vit apparaître les premières étoiles, après avoir changé de place à trois reprises, il décida tristement de revenir le lendemain. Alors qu'il s'apprêtait à s'éloigner, il perçut à ses pieds des claquements familiers. Quatre petites huîtres y battaient de la coquille à l'unisson.

« Pardonne notre retard, clamèrent-elles, nous avons éprouvé quelques difficultés à trouver l'endroit. Nous sommes porteuses d'un message pour toi. Celle que tu es venu rencontrer ne viendra pas. Nous sommes ses filles, nous venons te dire de sa part qu'elle s'est éteinte dans la joie après nous avoir donné naissance. Elle veut également que tu saches qu'en découvrant que nous nagions en elle sa fatigue s'est complètement effacée. Avant de te rencontrer, disait-elle, sa vie s'était déroulée dans la stérilité. Nous savons, pour notre part, que les perles ne sont pas de notre ressort, c'est le précieux secret qu'elle nous a laissé. »

Alors que le vieil homme s'apprêtait à prendre la parole, les huîtres intervinrent :

« Notre mère nous a dit que tu ne devrais pas parler, mais que tu devrais accepter de recevoir l'humble cadeau qu'elle te transmet. Prends-nous dans tes mains et approche-nous de ton visage. » Le vieillard obtempéra. Lorsqu'elles furent à la hauteur de ses yeux, elles s'ouvrirent largement et d'un commun battement lui éclaboussèrent la partie supérieure du visage. Après un bref instant de surprise, le vieillard éclata d'un rire sonore et profond. À travers leurs minuscules claquements de coquilles amusées, les huîtres lui dirent : « L'eau de mer n'a pas sa place dans tes poumons, vieil homme, elle est pour ta peau. » Les petits battements de calcaire résonnaient au diapason du rire puissant qui remplissait le vieillard.

« Peux-tu maintenant nous remettre à la mer ? » tintèrent les coquillages. Le vieil homme s'avança dans la vague. Au moment où ils touchèrent l'eau, les quatre petits mollusques clapotèrent une dernière fois : « Notre mère te pince tendrement le bout du nez ! » Le vieil homme sourit et les lâcha.

De retour sur la plage sans château, il ressentit un léger picotement sur son front. Lorsqu'il y porta la main, il découvrit avec ravissement qu'il avait maintenant six rides.

CLÉ N° 6

La tortue est de retour chez le spécialiste. Elle attend que la porte s'ouvre, celle en bois d'olivier. Elle sait maintenant comment faire. Elle la contemple... et peut entrer. Elle se retrouve dans la salle d'attente. Elle aime entendre le thérapeute l'accueillir avec : « Et alors ?... » Mais ce ne sera pas pour tout de suite, elle n'est pas seule dans la pièce.

« C'est mon dernier rendez-vous ! » se dit-elle... Et, du même souffle, elle ajoute : « Ce n'est pas mon dernier rendez-vous ! » – elle en doute. D'aussi loin qu'elle se souvienne, elle doute de tout ce qu'elle affirme. Mais elle doute aussi de cette affirmation. Peut-être s'est-elle mise à douter avant de commencer à se souvenir, comment savoir ?

Elle envie ceux qui affirment des vérités sans avoir de doute. Les perroquets, par exemple. Elle envie Mon Coco d'être si sûr de lui. Il n'hésite jamais. Peu importe ce qu'il dit, il n'hésite jamais ! Et même s'il dit n'importe quoi, il n'hésite jamais ! Elle l'envie vraiment. Elle en parlera au thérapeute.

Dans la salle d'attente, une autruche et un crotale font comme elle : ils attendent. Le spécialiste a beaucoup de retard ; cela importune la cervelle d'oiseau et les deux cerveaux reptiliens. S'ils étaient des ruminants – des vaches par exemple –, on dirait d'eux qu'ils ruminent.

Pour apaiser son ennui, la tortue s'adresse à l'autruche : « Ne me dites pas que c'est à cause de votre cou ? »

L'autruche ne peut cacher sa surprise : « Comment avez-vous deviné ? »

La tortue est ravie de pouvoir répondre sans hésiter : « J'ai croisé une girafe chez un psychanalyste. Elle avait d'abord consulté un chirurgien esthétique. Elle voulait se faire descendre le visage. »

Elle s'arrête et se demande si cette expression est juste : « se faire descendre le visage ». Elle sent poindre une obsession. Elle craint les obsessions au point d'y songer des heures durant. On la voit parfois immobile, au grand soleil, sur une plage ; elle oublie de bouger, paralysée par une obsession. De quoi développer des cancers de la peau ou de la carapace.

Pour éviter qu'une telle fixation s'installe, là, dans la salle d'attente, elle s'empresse d'affirmer (lentement quand même) : « Je crois que la mode est aux petits cous ! »

L'autruche, encore plus étonnée, commente à voix haute (beaucoup plus haute que la majorité des voix) : « Comme c'est curieux, j'ai suivi le même parcours que cette girafe ; chirurgien, psychanalyste... » Elle interrompt sa perplexité en demandant : « Et vous, c'est aussi votre cou ?

— Non, non... Au début, c'était ma lenteur... Maintenant, c'est ma rapidité !

— Ah bon ?

— Oui, un problème de cerveau reptilien. Voilà pourquoi je me retrouve chez ce thérapeute ; il en a fait sa spécialité.

— Étrange, il soigne aussi les cervelles d'oiseau. Peut-être avez-vous rencontré ses perroquets ? »

La tortue tarde à répondre ; a-t-elle rencontré les perroquets ? Qu'est-ce qu'une véritable rencontre après tout ? Alors qu'elle s'apprête à dire : « Je ne sais pas si j'ai rencontré les perroquets », le serpent se met à sonner ! Un bruit intense ; toute la salle vibre. Le crotale, gêné par tant de vibrations, vérifie : « J'espère que je ne sonne pas trop fort, car je ne m'entends pas ! »

La salle d'attente prend des airs de tour de Babel (le thérapeute a décoré les murs avec des affiches représentant cette tour).

La tortue, avant de réagir, décide si, oui ou non, elle va réfléchir. C'est un effet de la thérapie : trois ou quatre fois par jour, elle décide si elle va réfléchir... Un énorme changement ! Elle ne songe pas toujours à décider ; son cerveau reptilien demeure rapide et l'en empêche. Le cerveau reptilien sait aussi faire cela. Mais la tortue progresse...

Or, pendant que la tortue décide, le serpent croit qu'elle n'a pas entendu. Il sonne à nouveau : « J'espère que je ne sonne pas trop fort, car je ne m'entends pas ! »

La tortue a réfléchi. Elle a même terminé sa réflexion. Elle peut maintenant répondre. Mais elle doit aussi décider si elle va répondre. Et cela fait beaucoup de décisions dans une même journée. Elle se sent très fatiguée... Elle trouve cependant le serpent fort respectueux ; elle veut l'être à son tour : « Mais c'est un problème très répandu, vous savez. Beaucoup d'individus font du bruit et ne s'entendent pas ! Surtout les humains ! »

Après coup, elle n'est pas certaine d'avoir eu du respect ; peut-être en a-t-elle même manqué ! Une fois de plus – on ne compte plus les fois –, elle ne s'aime pas. Coincée dans son embarras, elle revoit le bout de bois et la pierre que le psychanalyste lui avait présentés. Elle considère un moment (un long moment quand même) l'urgence pour tous les cerveaux reptiliens de ralentir. Mais les bons enseignants, songe-t-elle – les plus lents d'entre tous –, sont difficiles à trouver. Et il en faudrait beaucoup ! Le spécialiste en est un, elle le sait d'instinct ! Elle aimerait, en cet instant, qu'il soit le même que le psychanalyste. Au moins, ils seraient deux à être bons enseignants.

C'est alors seulement qu'elle se rappelle les paroles du serpent : « Je n'entends pas ! » Elle s'interroge. Quelque chose cloche. Elle veut savoir quoi. Après d'énormes efforts de concentration, elle trouve : « Comment peut-il me répondre s'il n'entend pas ? »

Le serpent, pour sa part, n'a pas été offensé par la tentative de respect. Et, comme s'il avait entendu l'interrogation de la tortue, il explique : « Pour comprendre les autres, je lis dans la chaleur qu'ils émettent. Les rayons infrarouges. » Il scrute l'autruche, demeurée muette. Elle semble hypnotisée. Puis il tourne sa tête vers la tortue : « Pour vous, c'est difficile. L'image est un peu floue. À cause de votre sang froid. Mais vous émettez quand même suffisamment de chaleur pour que je vous comprenne. »

La tortue est enchantée de se sentir comprise. Elle n'a pas l'habitude. Et la chaleur n'est pas un moyen d'expression qu'elle connaît ; elle ignorait même qu'elle en émettait ! Elle se dit qu'elle devra cultiver cet aspect de sa personnalité. Elle aimerait lire dans la chaleur des autres. Elle consultera un neurochirurgien pour cerveaux reptiliens. Qui sait, peut-être pourra-t-il lui greffer un cerveau de crotale. Pas l'organe en entier, juste un petit bout ; celui qui capte les infrarouges...

Le serpent étire le cou vers l'autruche : « Quant à vous, c'est facile ! Vous émettez une chaleur torride. Je vous comprends parfaitement. »

L'autruche se met à chercher du sable. Pour y mettre la tête. Afin de bloquer les infrarouges. Elle croit que, si elle émet trop de chaleur, elle est cuite ; ce qui ne l'intéresse pas du tout ; elle a déjà vu comment finissent certaines dindes sauvages et n'a aucune envie de finir comme elles. Mais il n'y a pas de sable dans la salle d'attente. Pas un seul grain. Zéro ! Le spécialiste est un maniaque de la propreté. L'autruche est affolée : « Où pourrais-je me mettre la tête ?... Où pourrais-je me mettre la tête ?... »

La tortue, traversée par une évidence, suggère : « Comment pourriez-vous enfouir votre tête dans le sable si vous aviez un petit cou ? »

L'autruche se redresse d'un trait. Elle dit à la tortue : « Vous devriez être thérapeute ! Grâce à vous, je vois clair ! Je n'avais pas réalisé que je ne pourrais plus me cacher... Merci ! Et je vous prie de dire au spécialiste que c'est fini ; je n'ai plus besoin de lui ! »

Elle sort en courant.

Le serpent exprime sa déception : « Dommage qu'elle soit partie. J'ai l'impression qu'elle fuit quelque chose... j'espère que ce n'est pas moi ! J'aurais pu l'aider à se sentir moins seule : je m'apprêtais à lui dire que, moi non plus, je n'aime pas mon cou ! C'est très embêtant ; on sait où il commence mais on ne sait pas où il finit. Et vous devriez voir ce qu'il devient quand je mange : j'ai l'air bouché ! Je vous assure, ce n'est pas joli du tout. Surtout quand je bouffe un écureuil. Parfois, vers la fin du repas, sa queue sort encore de ma bouche ; on dirait que j'ai avalé un manteau de fourrure... le genre de ceux que fabriquent les hommes. Une fouine m'a un jour demandé : "Est-ce un moyen de vous réchauffer l'intérieur ?..." Et elle a ri ! J'ai voulu la mordre mais il y avait tout ce poil qui obstruait ma gueule. J'ai tenté de déglutir à haute vitesse, pour libérer mes crocs, et j'ai failli m'étouffer ! Un serpent qui s'étouffe, ce n'est pas drôle non plus. Mais bon, vous m'imaginez sans cou ? On m'appellerait la tête à queue ! »

La tortue, une habituée des mers du Sud, ajoute son grain de sel : « Ou le maraca de la mort ! » – une intervention qu'elle souhaite aidante...

Le serpent est sonné ! Une sensation nouvelle pour lui. Narquois, il confirme ce qu'a dit l'autruche : « Vous pourriez, effectivement, devenir une spécialiste des histoires de cou. » La tortue ne perçoit pas le sarcasme. Elle s'imagine accompagnatrice pour ceux et celles qui n'ont plus envie de porter un grand cou.

Le crotale : « Mais là n'est pas mon plus grave problème. Mes ancêtres étaient des lézards. Mon histoire remonte à cent millions d'années. À l'époque, j'avais des membres inférieurs. Ils ont disparu avec l'évolution ; le contraire des autres espèces ! Je me demande souvent : pourquoi moi ?... »

La question demeure en suspens, comme lui. Visiblement, la réponse n'est jamais venue. Il se ressaisit : « J'ai vu le chirurgien esthétique. Je voulais retrouver mon passé. Me faire greffer des pattes. Pour jouer à l'élastique avec les enfants. Et des bras aussi, pour leur dire : "Non, non, non, ne vous sauvez pas ! Revenez !... Revenez !..." »

Il effectue avec son corps le mouvement que font les mains humaines pour inviter quelqu'un à revenir. C'est encore plus menaçant. Il donne l'impression qu'une attaque se prépare.

Il continue : « Le thérapeute affirme que je suis "dépendant affectif" – un problème très répandu, dit-il, chez les cerveaux reptiliens. Je crois qu'il ne me comprend pas. Je suis incompris depuis mon apparition sur terre – cent millions d'années, je vous le rappelle. Le plus grand incompris de tous les êtres vivants, et voici pourquoi : quand je sonne, ce n'est pas parce que j'ai peur, mais parce que je suis excité ! Je me secoue les escabelles pour signaler ma présence à quelqu'un qui me plaît, quelqu'un qui pourrait m'aimer. Mais, dès que je fais entendre ma musique, tout le monde se sauve ! Et comme je n'ai pas de bras, j'essaie de les rattraper avec ma gueule – mon cerveau reptilien ne se contrôle plus –, c'est un désastre chaque fois ! Je ne peux garder personne dans ma vie. »

La tortue a envie de dire : « Vous n'auriez aucune difficulté à me rattraper, alors je vous en prie, n'essayez pas ! »

Le serpent a sa propre explication : « Je crois que c'est à cause du bruit. Comme je ne m'entends pas, j'en fais trop ! » La tortue se demande si elle n'est pas, elle-même, dépendante affective. De cela aussi, elle parlera au thérapeute. Elle se réjouit, en tout cas, de ne pas pouvoir faire de bruit.

Après avoir décidé de réfléchir, elle croit que, si le crotale parvenait à ralentir son cerveau reptilien, il agiterait moins sa queue quand il est excité ! Et peut-être arriverait-il à trouver quelqu'un avec qui jouer à l'élastique.

La porte du cabinet s'ouvre. La tortue est soulagée. Elle commençait à ressentir le poids des attentes, le besoin d'attention du serpent. Elle sait qu'une tortue ne peut pas combler ce besoin chez un crotale. Elle n'a pas envie de toute façon. Et elle sait aussi qu'elle doit se protéger, même si elle possède une carapace, car le serpent n'a pas encore de pattes, seulement sa gueule. Et il ne sait toujours pas comment contrôler son cerveau reptilien.

Elle se dit pourtant que le crotale pourrait apprendre à faire de la musique pour éprouver le simple plaisir de faire de la musique. Découvrir des rythmes, des harmonies, de nouveaux sons ; les partager... Et peut-être que des enfants joueraient à l'élastique sur ces rythmes... Elle s'imagine cela et elle s'apaise. On croirait à nouveau qu'elle sourit.

Le crotale se tait car la tortue est la prochaine sur la liste des rendez-vous. Cette dernière lance au serpent, sans trop savoir pourquoi : « Soyez bon ! » Il se remet à sonner.

Le spécialiste apparaît. Il ne dit pas : « Et alors ? », il dit plutôt : « Je vous présente une amie, je crois qu'elle pourra vous aider. »

Derrière lui, une autre tortue – terrestre celle-là – sort de l'ombre (il y a toujours un peu d'ombre dans un bureau de thérapeute). Elle prend déjà la parole : « Le spécialiste m'a raconté que votre plus grande peur était de ne pas vivre au-delà de cent ans ?... »

S'ensuit un échange entre les deux tortues. Le thérapeute y assiste, en retrait. Mon Coco tente de répéter quelques phrases au même rythme que les reptiles. Il s'épuise rapidement devant autant de lenteur. Il recommence à se chercher des puces.

La tortue marine : « J'ai entendu parler d'une tortue géante des îles Galápagos qui a vécu cent soixante-quinze ans ! Et une autre, des Seychelles, qui serait morte à plus de deux cent cinquante ans, un record ! »

Le thérapeute, d'un seul regard, se montre impressionné ! Le perroquet aussi, il siffle. Il n'a toujours pas quitté l'épaule du spécialiste. La tortue marine se demande si un perroquet peut souffrir de dépendance affective...

Elle reprend, rêveuse : « Deux cent cinquante ans... »

La tortue terrestre : « Vous craignez la mort ? »

La tortue marine : « Pas du tout ! J'ai peur de ne pas battre ce record. J'ai toujours rêvé de battre des records. Jeune, je voulais battements de son cœur. C'était nouveau pour lui, jamais avant sa rencontre avec le disgracieux coquillage il n'avait prêté attention au rythme particulier qui marquait l'intérieur de sa poitrine. Il avait, depuis, découvert qu'il s'agissait d'un rythme identique à celui qu'avait déployé l'huître dans ses efforts pour formuler les mots et les phrases, dans son application pour communiquer avec lui... À cette simple constatation, sa fatigue avait complètement disparu. »

“ Bien que nos cœurs battent tous
à des rythmes différents,
il demeure possible d'en synchroniser
au moins quelques battements.
Tout est une question de présence... ”

La Luciole et l'Éphémère

LA NAISSANCE EST LÀ, soudaine et dramatique. Les enveloppes éclatent, les pattes se déplient, les yeux humides scintillent comme une poudre de soleils minuscules qu'on viendrait de répandre dans la brise. Les ailes neuves se défroissent par milliers. La surface de l'étang frissonne sous le foisonnement des battements timides. Perché au sommet d'une herbe très longue, j'observe le crépuscule appliquer ses violets, ses bleus et ses mauves sur ce bouillonnement de corps qui s'étirent. L'accouchement interrompt tous les silences et tous les chants. La petite nappe d'eau est un grand ventre qui foudroie tous les souffles et tous les regards. La naissance est là ; furieuse et terrible, innocente et superbe.

Je ne suis pas seul dans la contemplation. Chaque petite explosion suscite les plus puissants soupirs du Monde. Les écorces remuent le creux des racines pour leur faire goûter la première rencontre de l'aile et de l'air. La terre et l'eau se frottent comme au jour où s'inventèrent les caresses. Les pierres se dilatent pour se rapprocher. Toute forme révèle la secrète présence qui l'a dessinée ; la moindre parcelle de caillou, de fleur ou de limace met à nu les liens les plus obscurs qui la constituent. La petite nappe d'eau est rose et jaune ; elle est un grand ventre transparent qui allume l'essence dans tout ce qui dort ou s'apprête à mourir. La naissance est là ; douce et violente, nécessaire et inévitable.

J'entends les premiers murmures et parfois les premiers cris. Je suis sidéré. « Éphémères... » Leur nom me revient... J'ai entendu parler d'eux quand, tout petit, ma mère me racontait des histoires. Ils naissent une seconde fois, en plein vol ou sur une tige, ils n'en finissent plus de jaillir, de s'étirer et d'étinceler. Je retiens ma propre lumière, j'ai peur qu'on m'accuse d'avoir scintillé dans un miracle qui ne me concerne pas. Je sais que mon émerveillement vaut celui de toutes les autres créatures du Monde, mais je suis luciole et je m'en voudrais d'avoir trop brillé dans un événement qui commande l'abnégation et l'humilité. Je ralentis ma respiration ; seule manière de m'éteindre par respect. J'étouffe un peu mais j'évite ainsi qu'on s'intéresse trop à moi dans un moment qui requiert ma disparition. Je veux voir ; tout voir.

Ils sont maintenant des centaines. Peu à peu s'ouvre le rideau du soir. Une danse apparaît. La brise effleure la tige sur laquelle je suis appuyé et je me balance au beau milieu d'un privilège. Le spectacle tient du prodige. Les mâles se regroupent. Je sais que ce sont les mâles ; quelque chose en moi le sait. Une vieille complicité, une empreinte dans la charpente. Des essaims ondulent avec élégance entre l'eau et le début des étoiles.

Les femelles hésitent. D'autres mâles apparaissent. Ils bondissent hors de l'étang, comme des flèches, et s'élèvent jusqu'à dix mètres. Ils retombent ensuite dans un doux flottement, au milieu de l'essaim, accueillis par lui. Les femelles hésitent encore, soignent leur apparence, naissent une fois de plus en laissant derrière elles leur enveloppe, le moule de leur présence désormais parfaite. Les enveloppes flottent sur l'onde ; fragiles mémoires du corps, sculptures de la croissance, vestiges transparents des préparations à la danse.

Le ballet s'intensifie au-dessus des femelles, comme un appel du mouvement et de la grâce. Les mâles forment maintenant une épaisse nuée, très dense ; une fumée qui ondoie de désir. L'appel n'en finit plus d'être lancé. Je suis moi-même excité ; je veux dire en tant que mâle. Ma lumière s'intensifie malgré tous mes efforts pour la tamiser. Je me cache un peu mais je ne veux rien perdre, et ma tête est là, penchée, qui observe.

Une première femelle s'élance, palpitante. Ses ailes déployées donnent à la beauté une autre raison de vivre. Leur battement ne traduit aucun effort ; c'est l'art du vol à son sommet. Je suis devant l'incarnation du printemps dans le corps d'une femelle. Ses yeux refont la lumière ; de petites pierres vivantes ; la femelle luit ! Une irradiation qui m'excite davantage et m'oblige à chercher une feuille très large pour m'y dissimuler. Son corps n'appartient plus à aucune espèce, il est invitation, ouverture : la vie qui s'invite elle-même à continuer. Elle fonce tout droit vers l'essaim, à la fois envoûtante et envoûtée. Les étoiles s'inclinent devant tant de lumière, elles s'effacent par tremblements. Le ciel tout entier voudrait être ici-bas ; on le sent.

La voilà toute proche, elle s'arrête un instant. Juste à l'orée des mâles, au bord de cette masse devenue immense. Elle paraît hésiter. Peut-être savoure-t-elle ce que son ventre éprouve. Sa tête bouge légèrement et semble mélanger les désirs qu'elle suscite à ceux qu'elle ressent. Peut-être écoute-t-elle le chœur d'ailes suppliantes chantant l'attente, l'excitation. Elle vole, immobile. Peut-être a-t-elle peur. Peut-être est-elle effrayée. Peut-être se sent-elle trop vulnérable. Je ne sais pas. J'invente, je devine, j'élabore des hypothèses. Pour être plus près d'elle, en elle. La peur et le plaisir se caressent en moi. J'habite un peu cette femelle, je crois. J'aimerais la protéger, la rassurer. Elle vient de naître après tout. On a beau naître deux ou trois fois de suite, j'imagine aisément qu'un pareil déploiement de sollicitude puisse engendrer quelques craintes.

Mais, brusquement, elle plonge. Elle s'enfonce dans la bruine en chaleur. Elle disparaît. Je la cherche, tendu, prêt à me rompre. J'appartiens au même désir, au même élan. Je l'aperçois à nouveau ; petite île de féminité dans la mer mâle. Elle danse elle aussi, s'élève et se laisse tomber, s'élève à nouveau... le rythme est lascif... La forêt craque... l'étang s'évapore : d'autres femelles se déploient, s'étirent et jaillissent ! Les petites îles se multiplient dans la mer en rut. La tension est extrême, la nuit s'écarte, agrippe et attire vers elle tout ce qui brille et bouge. La nuit dit oui ! La mer monte et descend dans cette pulsation qui soutient tous les cœurs du Monde.

Mon regard suit toujours la première femelle. Tout à coup, surgissant derrière elle, deux longs filaments que je prenais pour des antennes viennent lui saisir le corps... Deux grandes pattes essentiellement faites pour ça : saisir un corps. La femelle ne résiste pas. Au contraire, elle semblait attendre cette empoignade, cette saisie. Elle se blottit dans les pattes et ajuste son mouvement pour y être plus présente. Je me cache davantage car ma lumière est trop vive. Des milliers d'ombres en flammes me courtisent. Des ombres venues tout droit de moi. J'ai allumé le brasier qui me cerne. Le mâle tire la femelle contre lui. Je les vois s'unir. Et d'autres aussi. Les pattes s'étirent et les ventres se collent. Il y a maintenant des couples qui planent. De plus en plus de couples. Noces de l'instant présent, célébration du goût de vivre.

Mon amie – je l'appelle déjà mon amie – se berce dans les mouvements de son partenaire. Ils glissent ensemble sur le souffle fragile du moment qu'ils dégustent. Le temps n'est plus que cette chaude haleine qui les transporte. L'excitation me trouble, me bouleverse ; je suis extase.

Ils descendent doucement et se rapprochent de l'eau. La fécondation a eu lieu. L'air est plus plein, plus humide, plus palpable. D'autres couples les suivent pendant que des femelles, à peine sorties de leur dernière mue, rejoignent des mâles disponibles dans la nuée. Le ballet se fait sphère dans la bouche de l'étang. Mon amie se dégage de l'emprise de son compagnon. Sans effort. Il n'y a pas de résistance, la chorégraphie se poursuit, tout simplement. Harmonie des corps qui se détachent pour un autre mouvement, pour une autre phase. Ses yeux rendent la lumière plus forte encore, plus épanouie. Je dois moi-même être visible du firmament. J'ai un peu honte. Son abdomen se contracte et expulse de petits fragments de transparence. Un à un, ou par grappes gélatineuses. Je les compte – j'ai le temps qu'offre la contemplation –, j'en vois dix, cent, mille, trois mille. Des poussières vivantes, seules ou agglutinées, dotées de petites touffes filamenteuses à chacun de leurs pôles : les œufs sont prêts pour leur rendez-vous avec les tiges, les pierres ou la vase. Ils s'enfoncent, ou serait-ce l'eau qui les boit ; je ne sais plus très bien. Je suis confus.

Le mâle s'éloigne, sans se retourner. Je ne comprends pas. Il n'a pas le droit. Il vole à toute vitesse et rejoint ses compagnons. Il s'installe à nouveau dans la danse. Il monte et descend dans le même bourdonnement, la même pulsation. Comme s'il n'y avait jamais eu de rencontre. Il vole sans passé, sans mémoire. Il attend la prochaine femelle. Comment peut-il se permettre ? La fête était si belle, le don si complet. Je sens mon corps durcir, tous mes organes se serrer. L'hostilité m'envahit, me casse. Je voudrais le coincer, lui couper les ailes et le ramener près d'elle, sur l'eau. Elle vient de se vider et flotte à la renverse. Son corps se flétrit, se fane, malgré l'étang. Tout va vite, très vite. J'oscille entre le goût de le rattraper et l'envie de la rejoindre. Le goût de le défaire et l'envie de la refaire. Elle rapetisse à vue d'œil. Je ne peux plus attendre, elle s'effrite. Je fonce et quand j'arrive près d'elle je me fige. Je réalise d'un trait que je ne la connais pas. D'autres femelles rapetissent. Après la ponte. Leur corps se replie, se contracte et ralentit comme s'il allait s'arrêter. Je survole un cimetière marin en devenir.

Je dois faire quelque chose. Déjà, les œufs se mélangent aux cadavres. Mon amie vit toujours ; elle doit être très forte. Je m'approche et la frôle. Humble caresse. Je me pose tout près d'elle, sur la feuille d'un nénuphar. Je dois retenir mes ailes pour ne pas accélérer l'assèchement. Tout en elle se ternit. Je lui dis qu'il faut vivre, qu'elle n'a jamais vu le jour. Elle se retourne vers moi, surprise, et me demande qui je suis. « Une luciole – un mâle –, et je me suis attaché à vous dès votre sortie de l'eau. Vous m'avez ému, touché, atteint comme jamais je ne l'avais été. Vous venez tout juste de naître, d'aimer et d'accoucher. Il ne faut pas mourir. J'ai besoin de vous. Le jour se lève dans quelques heures et il vaut la peine d'être vu, croyez-moi. » Des mots prononcés sans réfléchir, pour effacer mon angoisse, ma détresse.

Je ne la connais pas et je ne me vois plus vivre sans elle. Un coup de foudre, je ne sais pas. La passion pour ses formes, sa volonté, sa grâce.

Elle me regarde avec une nouvelle lumière, plus pâle, moins envahissante, plus tranchante. Sa parole est ferme, malgré les efforts qu'elle lui demande : « On ne s'attache pas à un éphémère, c'est inutile. On ne peut jamais s'attacher de toute façon. Mensonges. Pure perte de temps. On ne peut qu'aimer. Tout ça est bien connu. » Je suis sidéré. L'essaim poursuit son bourdonnement et les cadavres s'amoncellent. Ils baignent dans la masse gélatineuse qui perpétuera l'espèce. Quelques femelles, encore vivantes, s'y noient. Mon amie est à l'abri ; je l'ai poussée sous des herbes hautes. Le mâle qui l'a fécondée flotte déjà sur une autre femelle. L'hostilité me reprend et approfondit mon affaissement. Ma compagne n'existe presque plus. J'ai besoin de comprendre et je lui avoue, timidement : « Comment peux-tu dire une chose pareille ? Tu viens de me rencontrer, à l'instant même, alors que je te contemple et t'admire depuis ta naissance. Tes naissances. En venant au monde, tu m'as fait disparaître. Plus je te regardais, plus je devenais toi. Je te désirais malgré l'autre mâle. Je pouvais attendre, espérer qu'un jour tu sois libre.

Je pressentais, quelque part dans l'obscurité de ma tête, que nos lumières pourraient se fondre et s'intensifier mutuellement. J'en suis sûr maintenant. Je le constate en l'exprimant. »

Elle m'observe avec tout ce qui lui reste dans le corps, c'est-à-dire presque rien. Sa voix reste ferme et son regard aussi : « Tu ne sais rien de moi. Tu m'as vue venir au monde deux fois. C'est si peu. Déjà, sous l'eau, j'avais vingt fois subi des métamorphoses, des mues. À chacun de ces bouleversements de ma chair, je préparais ma venue ici ; ce bal, cette danse nuptiale que tu as vue. Que tu vois encore. Je préparais aussi ma mort. À chaque transformation, je devais renoncer à ce que j'avais été ou à ce que j'aurais aimé être. Pendant quatre années, vingt fois je me suis transformée. À la vingtième occasion, il m'a fallu me remplir du peu d'air que j'ai trouvé dans l'eau pour monter à la surface. Jamais je n'aurais cru y arriver. J'avais beau gonfler, gonfler, je ne flottais pas davantage. J'ai continué ; tout mon corps a continué. C'était inscrit dans mes parois, la résistance était inutile. Finalement, j'ai rencontré la légèreté, je suis devenue légèreté. Une bulle qui, tout doucement, a grimpé vers ici. Il me restait deux autres transformations. Tu connais le reste. Les autres naissances, le bal, la noce, l'amour, l'accouchement. Voilà. Je suis vieille, très vieille, et c'est bien ainsi. Sous l'eau, j'avais rêvé qu'il régnait en ce Monde une sorte d'amitié avec la mort et, par le fait même, une forme de complicité avec le temps. Je l'ai trouvée. Je suis redevenue lente et je savoure tous les instants plutôt que de m'acharner à ne pas les perdre. C'est ma dernière transformation. »

Il n'y a plus de mouvement. À peine un frémissement qui ne fait même pas bouger l'eau. Les seules ondes viennent d'un peu plus loin : des mâles commencent à s'effondrer eux aussi. Son mâle a chuté. La mer diminue. Il n'y a presque plus d'îles. Mon amie semble sans corps tellement elle est proche du souffle, de l'absence. Je m'acharne, je veux la retenir, nous retenir ; comme si ses mots amplifiaient mon besoin d'être avec elle. Plus je l'écoute et plus j'ai l'impression qu'avec sa fin il ne resterait rien de moi. J'insiste : « Jamais je n'avais connu pareille intensité. Pareille rage de vivre. Chaque geste avait un rapport à l'absolu. Vivre prenait un tout autre sens. *Le* sens. Ma lumière était presque chaude. J'y arrivais. Tu ne dois pas partir. Tu peux tellement m'apprendre. Je ne demande qu'à t'entendre, qu'à t'admirer ! »

C'est l'absence. Les mots viennent tout seuls, sans aucun support, si ce n'est celui du cœur : « Je ne veux pas être admirée parce que je ne veux pas souffrir. L'admiration ne change pas l'éphémère, la célébration si. Alors, célèbre avec moi la dernière mue pour m'aider à la célébrer moi-même. Non... Attends... m'aider... m'aider... ce n'est pas ce que je veux dire... Attends... Pour me permettre de la célébrer moi-même... Non... Ce n'est pas encore ça... Attends... Attends... Pour intensifier ma propre célébration... Voilà !... Ma propre célébration ; la célébration de ma vie ! »

L'eau se met à frémir. La joie passe. Puis le calme et la paix. Je sens la paix qui me gagne. Quelques mots montent encore : « La forme à laquelle tu dis t'être attaché s'était déjà transformée à l'instant où tu as posé ton regard sur elle. À peine l'avais-tu vue qu'elle était déjà une autre forme. Et, si c'est à cette dernière que tu as cru t'attacher, il était encore une fois trop tard :

elle avait disparu, elle aussi. On croit contempler une forme ou un être alors qu'en réalité on en contemple la mutation. On ne peut pas s'attacher, on ne peut qu'aimer. C'est bien connu, mais il faut le répéter, je crois. Et tu ne peux découvrir ton pouvoir d'aimer, y avoir accès, qu'en reconnaissant toi-même tes propres transformations ; en les célébrant, seul et avec d'autres. »

Je n'insiste plus. Je me contente d'émettre ma lumière, même si elle est froide. Mon amie comprend : « Ta lumière est froide, et c'est très bien ainsi. Elle est belle et m'émerveille ; ça suffit. À la regarder, je sens une chaleur qui vient de moi, du fond de moi, et j'apprécie ce lieu d'où elle émerge. La lumière froide est vivante, plus que le feu, m'a-t-on dit – on m'en a parlé sous l'eau –, et je vais chercher en elle quelque chose qui m'éclaire de l'intérieur : une célébration. Ta souffrance naît du besoin que tu as de voir ta lumière changer quelque chose. Voilà pourquoi tu veux me retenir ; tu crains de n'être pas assez. Tu n'as pas le pouvoir de m'arrêter, de m'empêcher d'aller vers cette toute dernière mue, cette ultime transformation ; tu n'as que le pouvoir d'aimer. De m'aimer. Le pouvoir d'aim... Le pouvoir de m'... Le pouv... »

Je reste près d'elle un long moment et la regarde dériver. Dans la paix. L'étang disparaît sous la couche luisante des œufs qui gobent les cadavres, les engloutissent et les emportent dans l'eau. Je m'envole. Il ne reste plus de nuit. Rien que de la lumière.

Conclusion…
et dernière clé !

IL N'Y AURA PAS D'AUTRE CLÉ. Vous avez déjà un trousseau entier.

Une dernière observation cependant, une ultime énigme. On ne sait toujours pas si le psychanalyste et le spécialiste sont deux personnes distinctes ou s'il s'agit d'un seul et même individu. Vous avez probablement remarqué qu'il n'existe aucune description, ni de l'un ni de l'autre.

Pourquoi ?…

« Pour une raison bien simple : parce que le thérapeute… c'est vous ! Bienvenue parmi les humains ! »

Remerciements

UN MERCI GIGANTESQUE à toute l'équipe des éditions de La Martinière qui, depuis 2015, consacre une énergie sans bornes à la mise au monde de chacun de mes livres. Des mercis plus particuliers à Jeanne Castoriano, mon éditrice adorée, et à Laure Aline, chef d'orchestre émérite, pour la flamme dans leurs yeux lorsque nous parlons d'un projet – une flamme si belle à voir quand on cherche encore ses mots ; à Pascale Barthel, pour son enthousiasme contagieux et ses pouvoirs magiques, ceux qui ouvrent des chemins ; à Coralie Matera, pour l'art qu'elle possède de placer des fenêtres sur tous les horizons ; à Cécilia Kerjean pour la chaleur dont elle sait entourer ceux qui tendent les bras aux livres ; à Patricia Ropartz pour le soutien qu'elle apporte dans un subtil alliage de discrétion et de solidité, et à toutes les personnes que je n'ai pas nommées mais qui sauront reconnaître leur apport à l'exigeante démarche de création.

Un merci tout spécial à Patrick Gambache, mon agent, pour son incroyable disponibilité, sa franchise à toute épreuve et, surtout, sa foi dans tout ce qui peut naître.

Merci à Michel Bergeron qui, chaque été, m'offre l'opportunité d'écrire devant le fleuve Saint-Laurent,

Merci à mes parents, pour leur amour qui n'en finit plus d'aimer...

Merci à Danielle, mon archange gardien, pour son indéfectible appui, sa patience que j'aimerais emprunter de temps à autre, et pour cette présence qui ne peut prendre source qu'à un seul endroit : le cœur.

Département éditorial Art de vie

RÉALISATION : NORD COMPO À VILLENEUVE- D'ASCQ

ACHEVÉ D'IMPRIMER EN SEPTEMBRE 2018
SUR LES PRESSES DE NORMANDIE ROTO IMPRESSION S.A.S. À LONRAI
N° D'IMPRESSION : 1802619
DÉPÔT LÉGAL : SEPTEMBRE 2018
IMPRIMÉ EN FRANCE